KB128573

막노동 잡부는
대체 어떤
선택을 했길래
억대 연봉자가
되었나

막노동 잡부는 대체 어떤 선택을 했길래 억대 연봉자가 되었나
선택을 망설이는 이들에게 전하는 막노동꾼의 인생 역전 공식

초 판 1쇄 2024년 03월 12일

지은이 김정후
펴낸이 류종렬

펴낸곳 미다스북스
본부장 임종익
편집장 이다경
책임진행 김가영, 윤가희, 이예나, 안채원, 김요섭, 임인영, 권유정

등록 2001년 3월 21일 제2001-000040호
주소 서울시 마포구 양화로 133 서교타워 711호
전화 02) 322-7802~3
팩스 02) 6007-1845
블로그 http://blog.naver.com/midasbooks
전자주소 midasbooks@hanmail.net
페이스북 https://www.facebook.com/midasbooks425
인스타그램 https://www.instagram/midasbooks

ⓒ 김정후, 미다스북스 2024, *Printed in Korea*.

ISBN 979-11-6910-547-7 03190

값 18,500원

미다스북스는 다음세대에게 필요한 지혜와 교양을 생각합니다.

선택을 망설이는 이들에게 전하는 막노동꾼의 인생 역전 공식

막노동 잡부는 대체 어떤 선택을 했길래 억대 연봉자가 되었나

김정후 지음

미다스북스

프롤로그

지난주, 회사 CEO로부터 1,000명의 본사 직원이 일제히 해고될 예정임을 알리는 이메일을 받았다. 해고 정리가 마무리되면 나라별로 법률과 절차에 따라 추가적인 해고 정리가 이루어진다는 내용이다. 2006년 일본으로 건너와 미국 IT 기업에서 근무한 지 15년째인 나는, 최근 아마존, 메타(페이스북), 구글, 마이크로소프트 등 공룡 IT 기업들이 대규모 인력 감축을 진행하고 있다는 소식을 익히 들었다. 하지만, 우리 회사와는 상관없는 얘기인 줄 알았다. 지난 15년간 꾸준한 매출 증가와 매년 4% 이상의 당기 수익률을 올렸던 것을 알았던 터라 당황스러운 소식이 아닐 수 없었다. 이번 주는 유럽에 있는 지사들이 해고 정리 대상이 된다고 한다. 다음 주는 우리 지역이 대상이다.

이 책이 출판된 후에도 나의 앞날은 아무것도 장담할 수 없다. 십 대 시절부터 지천명이라는 오십의 나이가 될 때까지 삶은 매번 안정과 불안정 사이를 오가며 불투명하다는 것에는 변함이 없다. 만일, 책을 읽는 그대도 삶이 불투명하고 불확실해 삶이 고통스럽다고 느낀다면 그런 감정은 더 이상 그대만의 문제가 아니라는 것을 깨달아야 한다. 신이 아니라면, 닥칠 미래를 예견하거나 사전에 알 수조차 없다. 이것은 참인 명제다. 그렇지만, 불확실한 상황을 변명 삼아 불필요한 시간과 감정의 에너지를 소비하며 산다면, 오늘 하루가 평생 데자뷔와 같이 반복되리란 운명도 참이다.

우리의 미래는 불안하고 불투명하다. 그렇다고 일어나지도 않은 일에 미리부터 상상하며 불안과 스트레스로 무의미한 시간을 허비한다면 무슨 의미가 있겠는가? 과거 나의 삶을 돌이켜보면 현재의 이 상황도 그저 사소한 해프닝에 불과하다. 인생의 많은 굴곡에서 잠시 마주친 사건일 뿐, 그 이상의 의미는 아니다. 작게 보이는 하루의 시간일지라도 계획한 일을 꾸준히 행동에 옮기고 지속하다 보면 삶의 철학에서 배운 행복이라는 열쇠는 항상 내 오른쪽 호주머니 속에 있다는 것을 나는 알고 있기 때문이다.

항상 불안하고 걱정인가? 원하는 것은 이룰 수 없다고 믿는가? 원하는 것이 무엇인지 도대체 모르겠는가? 그래서 삶이 비관적이고 답답한가? 온통 그런 생각들 속에 휘둘려 아무것도 할 수 없다고 자포자기하려거든 이 책을 조용히 덮어라. 자위나 하면서 비련의 영화 속 주인공으로 남아라. 그렇지 않다면 내 말에 귀를 기울여라! 최소한 지금의 삶보다 열 배는 풍요로운 삶을 살 수 있다. 장담한다. 갑자기 약을 판다고 생각하나? 상관없다. 어차피 누군가는 내 말을 듣고 누군가는 그렇지 않을 것이기 때문이다. 믿는 자는 행동에 옮길 것이고 그 행동에서 얻은 성과물에 깨닫게 될 테니 말이다.

고졸 출신이었던 나는 유학을 꿈꾸며 막노동 판에 뛰어들었다. 막노동 잡부로 일하면서 매일 밤 몸이 으스러지는 느낌을 받았다. 하지만, 일당 오만 오천 원이라는 거금은 아픈 몸과 내면의 쇠약함을 마약처럼 무감각하게 만들었다. 결국, 아버지의 퇴직금을 담보로 유학길에 올랐다. 꿈에 그리던 미국 유학이 현실이 된다고 생각하니 많은 상념이 떠올랐다. 한심한 내 처지를 비웃는다고 생각했던 대상 없는 사람들. 땀과 먼지에 얼룩진 옷차림으로 공장 식당에 들어서는 순간, 마치 모세의 기적을 연상시키게 했던 순간의 장면. 과거의 많은 장면들이 주마등처럼 스쳐 지나갔다.

유학을 떠난다는 기쁨과 동시에 마음은 불안했다. 어학연수를 마치고 대학에는 입학할 수 있을지에 대한 고민이 생겼기 때문이다. 끊이지 않는 불안의 고리에 빠진 일상을 안고 살았다. 하지만, 어학연수를 마쳤고 대학에도 입학할 수 있었다. 막노동판을 전전하던 고졸 '루저'의 삶이 미국에서 학교에 다니는 '엘리트 대학생'의 삶으로 변모했다. 학교를 졸업하고 귀국해 소프트웨어 프로그래머로 취직했다. 화이트칼라로 변신한 엄청난 순간이었다. 그러나, 성공의 기쁨도 잠시, 상대적 빈곤과 심리적 문제로 나의 삶은 오히려 고통스럽고 괴로웠다.

업종을 바꿔가며 전직을 반복했다. 천신만고 끝에 미국 IT 회사에서 매니저로까지 승진했다. 돈과 성공을 모두 손에 넣은 것 같았다. 하지만, 행복한 감정보다는 대인관계에서 비롯된 심각한 우울증과 스트레스가 왔다. 극단적인 생각을 했다. 막노동자 출신에서 미국 IT기업의 관리자로 성공을 거둔 상황임에도, 성공의 의미에 대해 고민하지 않을 수 없었다. 안정된 삶을 누리고 있었지만 행복이 빠진 현실이 답답했다. 심지어 불행하다는 심정에 삶이 허탈하기까지 했다.

삶에서 지푸라기라도 잡고 싶은 간절한 마음으로 데일 카네기 12주 교육에 참여했다. 이는 내 삶의 큰 전환점이 되었다. 교육과 책에서 얻은 통찰을 사람들과 공유하기 위해 SNS를 통해 '작가꿈'으로 활동하며 조언했다. 이 과정에서 나는 행복의 가치관을 새롭게 정의했다. 그리고 책을 써 내려갔다. 나와 성공한 사람들 사이에서 공통점을 찾아 이해를 돕기 위해 내 실제의 사례를 들었다. 나만의 방법이 유효한지를 확인하는 차원에서 인터뷰도 진행했다. 내용이 모호한 개념으로 빠지지 않도록 실용적인 방법에 초점을 맞추었다.

이 책은 크게 세 가지의 장으로 나누고 부록을 담아 구성했다. 1부에서는 인생을 다루는 테크닉에 대해 언급했다. 우리 감정의 복잡성과 감정의 미궁에서 헤어 나오지 못하는 이유에 대해 해석했다. 또한 인간 마음의 작동 원리와 성공을 위한 네 가지 원칙을 설명했다. 2부에서는 삶의 출구 전략으로서 멘탈적, 피지컬적인 측면으로 나누어 접근했다. 개인적인 과거의 일화들을 들면서 성공과 행복의 조화를 이루는 방법에 대해 생각해 볼 수 있도록 유도했다. 마지막 3부에서는 소개한 전략들이 모호한 개념으로 남지 않도록 네 가지 프레임워크를 제시하고 구체적인 방법론을 제안했다. 부록에는 감정을 다루는 스킬과 다양한 상황에서 사전 판단을 위한 유용한 도구들을 소개했다.

  성공과 행복을 위한 다양한 전략과 유용한 기법들은 이미 세상에 많이 알려져 있다. 그런데도 변화를 이루는 사람과 그렇지 못한 사람들이 공존한다. 이러한 차이를 만드는 근본적인 원인은 무엇일까? 어떤 사람은 깨달은 내용을 그저 머릿속에서만 시뮬레이션하고 그친다. 반면 어떤 사람은 우선, 시도하고 부딪혀 보면서 경험을 통해 판단한다. 이는 작지만 시간의 흐름에 따라 분명한 차이를 만든다. 이제는 용기를 내야 할 때이다. 나와 함께 이 여정을 떠날 것인가?

  선택과 행동은 오로지 당신의 몫이다.

1부

인생을 다루는 테크닉

1장

당신만의
문제가
아니다

1. 글로벌 억대 연봉자라고 다를 것 하나 없다

거실 반대편에는 약 5평 정도의 다다미식 방이 있다. 오른쪽 귀퉁이에는 폭 40cm 정도의 검고 어두운 책상과 10년 전 사용하다 남은 식탁용 의자가 놓여 있다. 아침 9시 업무와 관련한 메일을 30분 정도 확인한다. 그리고 특별한 일정이 없으면 자유다. 2009년 일본으로 건너와 미국 IT 기업에서 근속한 지 15년, 관리자로 일한 지는 10년째다. 남들이 흔히 말하는 억대 연봉자다.

평온한 일상에서도 가끔, 자문해야 할 질문이 떠오르곤 한다. '내가 진정 원하는 삶이란 무엇일까?' 답은 언제나 동일했다. '모르겠다.' 과거의 학창 시절 때나 지금이나 별반 다르지 않다. 이렇게 이야기하면 누군가 이런 말을 할지도 모르겠다. "안정된 직장과 평온한 삶에서 무엇을 원하는지 알건 모르건 상관없는 게 아닌가?"라고 말이다. 과거 불안하게 삶을 살며 고민해 온 시기이건, 현재처럼 안정된 직장에서 평온한 생활을 하건, 내가 원하는 삶이 불분명하다는 상황에는 변함이 없다는 말이다.

애플의 창업자 스티브 폴 잡스는 2005년 스탠퍼드 연설에서 이렇게 말했다. 그도 젊었을 때는 인생에서 무엇을 원하는지 몰랐다고. 로버트 기요사키가 쓴 『부자 아빠 가난한 아빠 2』에서도 비슷한 말을 했다. 마법의 지팡이를 휘둘러서라도 삶의 길이 '뿅' 하고 나타나면 얼마나 좋겠냐고 말이다. 『역행자』의 저자 송명진도 대학 시절에 책 읽기와 글쓰기 두 가지만 생각했을 뿐, 장래에 무엇을 하며 살아야 할지 몰랐다고 했다. 이렇듯 현재의 일에 만족하고 완벽하게 미래를 보며 사는 사람은 아무도 없다. 인간의 마음은 볼록 렌즈와도 같다. 굴절 각도에 초점이 맞을 때는 한없이 기쁨을 느끼다가도 조금만 어긋나면 불투명한 삶에 괴로워한다.

학창 시절에 꿈이 뭔지 모른다

학창 시절, 나는 미래가 불투명하여 감정에 휘둘리곤 했다. 하지만, 그것이 장애가 되지는 않았다. 만일 그랬다면 '나'는 이미 세상에 존재하지도 않거니와 이 책을 집필할 수도 없었을 테니 말이다. 내가 무엇을 하고 싶은지 모르던 고등학교 시절 3년 내내 교회를 다니면서 여자 꽁무니만 쫓아다녔다. 미리 어른들이 정해둔 종착역을 향해 그저 영혼 없이 달리는 기차와 같았다고나 할까? 왜 공부를 해야 하는지 몰랐다. 삶에 대해 진지하게 상담해 주는 어른도 없었다. 삶에 목적과 동기가 없으니 대학 진학에 실패하는 일이 어찌 보면 내게는 당연했다.

만약, 학교 선생들이 영어 단어와 수학 공식을 가르치려 노력하기보다는 개인의 관심사에 주목하고 동기 부여하는 것에 시간을 투자해 주었더라면, 나도 공부를 곧잘 했을지도 모른다. 이렇게 말하면, 누군가는 '네놈이 공부했어도 실력이 부족해서 대학 진학에는 실패했을 거야!'라고 생각할지 모른다. 그럼 나는 이렇게 묻겠다. "내가 미국에서 대학 국립 2년제를 졸업하고, 2개 국어(영어, 일본어)를 능숙하게 할 수 있는 실력은 어떻게 설명할 것인가?" 어떤 일이든 목표를 달성하려면 누구든지 동기 부여가 필요하다고 생각하는 이유다.

막노동을 하며 유학을 꿈꾸지만 진정한 나의 마음을 모른다

대학 진학에 실패하고 재수를 했다. 하지만, 다시 실패했다. 기술만이 유일하게 살 길이라는 부모님의 구호 아래 반강제적으로 직업 전산 훈련원에 들어갔다. 정보 처리 기능사 2급 자격증을 따고 지방에 있는 전문대라도 입학하려 했다. 하지만, 처음 겪어본 수능 시험에 다시 낙방했다. 거듭되는 실패로 가족 사이에서는 무용지물과도 같은 존재로 여겨졌다. 입영 통지서가 나와 바로 군대에 입소했다. 2년간의 군 생활을 마치고 가깝게 지내던 동기와 막노동 판에 뛰어들었다. 뜬금없었지만 단지 미국 유학 비용을 마련하기 위함이었다. 막노동자에서 유학을 떠나기까지의 여정은 나중에 자세히 이야기하겠다.

여름날 30도가 넘는 뙤약볕 아래서 20킬로에 가까운 철근과 전기 배관을 이리저리 옮기며 한바탕 뒹굴다 보면 현타가 왔다. 여관방 거울에 비친 숯검정처럼 검게 탄 나의 얼굴이 보였다. 대상 없는 세상에 분노가 솟

구쳤다. '머저리 같은 놈아! 이 꼴이 대체 뭐냐?'라고 혼잣말로 중얼거렸다. 삶을 이렇게 끝낼 수 없다고 생각했다. 누군가가 내 마음속에서 외쳤다. 유학의 꿈을 포기하지 말라고. 하지만, 잠시 뒤 또 다른 누군가는 이렇게 속삭였다. '야, 정신 차려! 진심이야?' 서로 다른 반대의 자아 둘이 매일 다툼하는 것 같았다.

유학 생활을 하면서조차 내 마음을 알 수 없었다

유학 생활도 1년이 지나가고 있었다. 학비와 생활비로 거금의 돈을 쓰면서도 진정 내가 원하는 것이 무엇인지 알 수 없었다. '정말 이게 맞나?' 생각하면서 괴로워했다. 불안한 마음과 우울증 증세로 하루를 보내다가도 친구들과 술 마시고 수다를 떨면 기분이 좋았다. 베란다 유리창에 비친 낄낄대는 내 모습을 보며 속삭였다. '미친놈처럼 너 뭐 하고 있냐?' 다음 날, 과음에 속이 쓰렸지만 피다 남은 담배 한 모금짜리 꽁초를 찾아 불을 붙였다. 연기와 함께 한숨이 길게 뿜어 나오자 갑자기 자존감이 바닥을 쳤다. 주변의 인생 선배들에게 수많은 조언과 격려도 받았다. 하지만, 항상 숙제가 남았다는 느낌이었다. 지난밤 풀었다고 생각했던 과제는 아침이면 두 배가 되어 있었다. 정말 어처구니가 없었다. 이미 선택한 길 위에서조차도 어떤 길이 맞는지 헷갈려 방황하고 있으니 말이다.

직장 생활을 하면서는 어땠을까?

2000년경 미국에서 학교를 졸업하고 한국으로 돌아왔다. 3년간 직장 생활을 하면서도 진정 내가 원하는 일이 지금 이 일인지에 의문이 들었다. 매일 영혼 없는 얼굴에 가면을 쓰고 하루를 보냈다. 저녁이면 유흥과 쾌락에 돈과 시간을 낭비했다. 이런 모습에 나는 생각했다. '애초에 유학하려 했던 이유가 이런 삶을 위해서였는가?' 의문이 들었다. 삶에 대한 멘붕이 왔다. 매일 누군가 작성한 프로그래밍 코드에 Ctrl+C와 Ctrl+V를 무한 반복했다. 단세포의 삶이었다. 퇴근 후면 동료들과 매일 술을 마셨다. 술 마시며 박장대소하는 현재 자신의 모습이 유학 생활 중에 베란다 유리창에 비친 과거의 내 모습과 닮아 있었다. '정말 내가 원하는 게 뭘까?'라는 똑같은 질문이 머릿속을 떠나지 않았다. 고등학교 시절 종착역을 향해 달려가던 그 기차가 아직도 이름 모를 역을 향해 달려가고 있다고 생각했다. 마음이 답답했다.

성공 노트

- 모든 사람에게 미래란 불확실하다.

- 불확실한 미래에 대해 과도하게 고민하거나 괴로워할 필요는 없다.

- 우리가 현재 걷고 있는 이 길이 올바른지 확신하는 사람도 없다.

- 삶에서 어떤 선택을 하든, 불안한 감정은 인간의 본성이다.

to think

억대 연봉을 원한다면?

◆ 불안한 미래에 대해 나는 얼마나 감정적인 에너지와 무의미한 시간을
   소비하고 있을까?

◆ 고민과 불안함 그리고 우울함은 대체 어디에서 오는 걸까?

◆ 현재의 이 실패는 모든 것을 포기할 만큼 가치가 있는 걸까?

◆ 현재 내게 가장 중요한 것은 무엇인가?

성공을 부르는 인사이트

지천명(知天命)이라는 나이, 천명을 안다는 나이 '쉰 살'이 되었다. 내 삶의 렌즈는 여전히 초점이 불분명하다. 반평생을 살아온 삶에 대한 지금의 의견도 마찬가지다. 미래는 언제나 불분명하다는 결론. 인생에서 실패와 성공을 반복하면서 어느 때는 괴롭고 어떤 때는 기쁘다. 이런 감정에는 옳고 그름이 없다. 불안하고 우울하면 괴롭고, 힘이 들면 부정적인 감정이 드는 게 인간의 자연스러운 감정이기 때문이다. 자연스러운 감정에 '왜 이럴까?'라고 의문을 가져봐야 무의미하다. 하지만, 감정을 다루는 본질은 현재 내게 중요한 것이 무엇인지를 아는 것이다.

상대성 이론을 발표하고 시공간의 뒤틀림 현상을 예측한 위대한 알베르트 아인슈타인도 말했다. "미래가 아직 오지 않았고 불확실하기에 미래에 대해 걱정하지 마라. 순간에 집중하고 현재를 최대한 활용하는 것이 미래에 대해 걱정하는 일보다 훨씬 유익하다."라고 말이다. 아인슈타인의 말처럼 미래는 모든 사람에게 불확실하다. 예외가 없다. 하지만, 일본의 만화가인 이노우에 타카노부(猪野哲郎)가 그린 만화 작품 〈남자의 꿈—男の夢〉에서 나오는 대사를 기억해야 한다.

"푸른 시공의 너머에 무궁한 미지의 풍경이 펼쳐진다."

걱정의 그림자가 우리의 마음을 졸여오더라도, 우리는 양쪽 날개를 펼치고 미지의 두려움에 당당하게 맞서야 한다.

2. 인생은 우연한 선택의 결과일 뿐이다

"미국에 가 볼까?" 훈련병 시절부터 함께 했던 군대 동기가 꺼낸 말이다. 나의 가슴은 요동쳤다. '할리우드의 영화에서 나오는 세상 말인가?' 나는 이미 비행기에 오르는 상상을 했다. 기분이 UP 되었다. 당시 왜 그가 미국에 가자고 권했고, 나는 어떤 이유로 그러자고 동의했는지 기억하지 못한다. 하지만, 아마도 무엇이든 목표를 정하는 일이 그 어떤 다른 일보다 우선시 되어야 한다고 생각했을 것이다. 너무 쉽게 인생의 방향을 정하고 말았다. 하지만, 내 인생에서 내린 상위 톱 3위 안에 드는 결정이었다.

'친구 따라 강남 간다'는 말처럼 군대 동기와 일사천리로 실행에 옮겼다. 군대에서 휴가를 나와 명동에 있는 유학원들을 찾아다녔다. 유학원에서 대화의 주체자는 내가 아니었다. 군대 동기였다. 하지만, 미국행 비행기에 몸을 실은 주인공은 나였다. 동기는 집안 사정으로 미국행 티켓을 포기해야 했기 때문이다. 어찌 보면 동기 덕분에 내 인생은 큰 전환점을 맞이했다. 인생이란 참 우습다. 드라마의 주연과 조연이 뒤바뀌었으니 말이다. "It's choice not chance that determines your destiny." 진니데치(Jean Nidetch)는 우연이 아닌 선택이 운명을 결정한다고 했다. 나는 선택이 운명을 결정한다는 것을 깨달았다.

선택 하나 – 처녀비행, 이국의 첫날밤, 노랑머리 세상

스무 살이 넘도록 나는 한 번도 비행기를 타 보지 못했다. 그런 내가 미국 샌프란시스코행 비행기에 올랐다. 비행기가 이륙할 때 귀에서 물 끓는 소리가 들렸다. 고막이 터져 나갈 듯 아팠다. 귀가 아프니 주의하라는 안내 방송이나 주의 사항을 위한 책자도 없었다. 당황스러웠다. 첫 번째 비행 10시간을 마치고 세관검사를 위해 초췌한 모습으로 공항 직원에게 불려 나갔다. 탱크만 한 청색 체크무늬 여행용 가방을 든 검은 숯덩이 얼굴의 한 청년의 모습에 세관 직원의 기분이 나빴을까? 가방을 뒤지면서 한참 동안 질문이 날아왔다. 의사소통이 거의 안 됐다. 하지만, 무사히 세관을 통과했고 환승장에서 짐을 부쳤다. 잠시 후 '미케니컬이 어쩌고저쩌고…. 식스 아워….'하는 안내 방송이 나왔다. 6시간을 기다려야 했다. 기다리는 시간이 군대에서 전역 날짜를 기다리는 시간만큼이나 길게 느껴졌다.

새벽이 되어서야 시애틀 공항에 도착했다. 공항에서 모르는 외국인 누나가 뻣뻣한 동작으로 나를 안내했다. 기숙사를 안내하고 어디론가 그녀는 사라졌다. 어둡고 컴컴한 방에 이층 침대가 보였다. 아무런 설명도 없이 사라진 터라 어떤 침대를 써야 할지 몰랐다. 일단 아래층에 자리를 잡았다. 침대에 누워 창문을 통해 스며드는 희미한 달빛이 비췄다. 막 무엇인가를 시작하려는 한 청년에게 비추는 마치 무대 조명처럼 보였다. 이런 막막한 무대에서 '앞으로 어떻게 연기하며 살아가야 하나?' 생각하니 마음이 갑갑했다. 잠시 눈을 감자, 뭔가 냄새가 다르다는 것을 알았다. '미국 냄새?'

미국에서 생활한 지 일주일. 한국이라는 나라가 세상에 전부인 줄 알았던 내게, 크고 작은 충격들이 있었다. 먼저, 주변에 유학생들과 어리숙한 영어로 대화를 나누는데 학생 대부분이 '한국'이라는 나라를 모른다는 사실이었다. '아니 한국을 왜 몰라?' 이상했다. 두 번째는 하늘과 땅이 맞닿은 넓디넓은 하늘과 땅을 난생처음 보았다. 한국에서는 사방이 고층건물에 가려 머리 위에 넓은 하늘이 존재한다는 사실을 깨닫지 못했다. 뭔가 손해 봤다는 느낌이 들었다. 마지막으로는 노랑머리의 사람들이 길가를 꽉 채운 세상이 존재한다는 사실이었다. 내가 알던 세상은 검은색 거리만이 존재했었기 때문이다. 새로운 경험들은 우연한 선택의 선물이었을까? 두렵고 겁이 났지만, 가슴이 쿵쿵 뛰었다.

선택 둘 – IMF 금융위기의 선택

어학연수가 끝나갈 무렵이다. 4~5년을 미국에서 공부하면 대학을 졸업할 수 있다고 생각했다. 그런데 IMF 금융위기가 터졌다. 미쳐버린 환율의 고공행진은 부모님의 의지를 꺾기에 충분했다. 욕이 나왔다. 정말 재수 없는 놈은 뒤로 넘어져도 코가 깨진다는데 그게 꼭 나를 두고 하는 말 같았다. 막노동 시절, 욕하던 그 이름 모를 대상에 다시 화풀이를 했다. '더럽고 치사한 세상!'

선택의 길에 서 있었다. 어학연수를 어떻게든 마치고 귀국하느냐 아니면 불법체류를 해서라도 졸업하고 한국에 돌아가느냐였다. 두 배로 치솟은 환율은 한국으로 귀국하라는 부모님 항복의 메시지와 이대로는 절대 안 된다는 나 사이에서 선택을 강요하게 했다. 차선책을 선택했다. 친구의 소개로 커뮤니티 칼리지로 어학원을 옮겼다. 저렴한 학비로 학교를 마칠 수 있다고 들었기 때문이다.

1997년경 어학연수 시절

선택 셋 – 생존을 위한 몸부림

어학원을 옮기고 부모님께 학비만 지원해 달라고 부탁했다. 생활비는 아르바이트로 충당했다. 두 개의 아르바이트를 해야 했다. 주중에는 학교 내 식당에서 접시를 닦고 주말에는 학교 밖의 한인타운 옷 가게에서 일했다. 유학생에게는 학교 밖에서 일하는 것이 불법이었다. 하지만, 선택의 여지가 없었다. 랩을 좋아하는 흑인 젊은이들과 "아미고!"(친구라는 스페인어)를 외쳐야 했던 스페인계 고객들에게 온갖 애교를 부렸다. 그들의 씀씀이가 좋았던 것인지 내 판매 방식이 마음에 들었던 것인지는 알 수 없지만 많은 옷이 팔려 나갔다.

어느 날 사건이 벌어졌다. 흑인 여성과 옷 가격에 문제로 마찰이 생겼고 경찰관까지 출동했다. 상하의 옷 가격이 별도라는 것을 인지하지 못해 상의 가격만 받고 지급이 끝난 상태에서 추가 지급을 요청하자 그녀가 거부했기 때문이다. 흑인 여성으로부터 쏟아지는 온갖 인종 색의 욕을 한바탕 시원하게 얻어먹었다. 정신이 반쯤 휴가 간 상태에서 경찰 조사를 마쳤다. 이 일을 계기로 자의 반 타의 반으로 옷 가게 아르바이트를 그만둘 수밖에 없었다. 모든 사건이 일단락되는가 싶었다. 그런데, 몇 달 후 법원에서 증인으로 출석하라는 명령서가 날아왔다.

집을 이사하는 바람에 명령서를 출석 당일이 돼서야 친구로부터 전해 받았다. 당일 아침 법원에 출석할 시간도 없었다. 유학생들을 관리해 주는 어드바이저를 찾아가 도움을 청했다. 사건의 전말을 설명하고 도움을 요청하자 그 가 살짝 웃음 지으며 연발 'Big deal'이라는 단어를 내뱉었다. 'XX놈, 남은 심각한데 왜 웃는 거야?' 그가 말을 이었다. 불법 문제로 이민국에서 추방 명령이 내려질 수 있다고 했다. 머릿속이 하얗게 되었다. 어드바이저가 법원 관계자와 전화 통화를 마치고 내게 다시 말을 건넸다. 다행히 증인 없이 즉심으로 사건이 종결되었다는 것이었다. '역시 사람이 죽으라는 법은 없구나.'

선택 넷 - 귀국, 실직과 취업

대학 졸업을 앞두고 미국 현지에서 취업을 위해 애를 썼다. 미국인들과 경쟁해야 하는 상황이라 녹록지 않았다. 학교의 영어 튜터를 통해 소프트웨어 개발 회사를 소개받았다. 인턴으로 면접까지 통과했다. 처음 출근하는 날만을 손꼽아 기다렸다. 정규 직원이 될 것이라는 희망에 부풀었다. 당시 일본인 여자 친구(지금의 아내)에게도 자랑을 늘어놓았다. 합격 통보가 있고 몇 주가 지나 갑자기 회사에서 연락이 왔다. 내가 합류할 팀이 해체되었다는 소식이다. 인턴을 받을 수 없다는 얘기였다. 하늘이 무너졌다. 합격했다는 기쁨도 잠시, 불법으로 거주하며 취업에 도전하느냐, 아니면 한국으로 귀국하느냐의 선택의 갈림길에 다시 섰다.

비자 기간이 얼마 남지 않은 시점에서 한국의 한 회사와 면접을 봤다. 다행히 합격 통지를 받고 새로운 프로젝트를 위한 개발팀에 참여하기로 했다. 하지만, 출근한 지 채 한 달도 되지 않아 회사에서 사업 자체를 포기한다는 청천벽력 같은 소리를 했다. 새 직장을 찾아야 했다. 유학 생활도 무사히 마치고 신분 세탁까지 했다고 생각했는데 실직자가 되었다. 당시 나는 삶이 무엇이 옳고 그른가에 대한 철학적인 문제로 고민하기보다는 생존을 위해 앞으로 나아가야 한다고 생각했다.

주변에 나의 실직을 알렸다. 친형의 도움으로 MP3 플레이어 기기를 생산하는 중소기업(디지탈웨이, 사명 변경 후 엠피오)을 소개받았다. 프로그램 개발자로 취업할 수 있었다. 많은 시도와 실패, 그리고 수많은 선택의 기로에서 순간순간이 괴롭고 고통스러웠다. 새로운 기회가 왔구나 싶으면 느닷없이 지옥의 늪에 빠졌다는 생각이 들었다. 숨 가쁜 시절이었다. 세상살이 매번 시련이 실망을 안겨도 새로운 길은 늘 나타나기 마련이었다.

- 우연한 선택들이 연결되어 삶이 만들어진다.
- 새로운 기회는 예상치 못한 선택의 과정에서 찾을 수 있다.
- 어떤 상황에서도 선택하는 용기가 필요하다.

억대 연봉을 원한다면?

◆ 나의 선택은 우연인가 아니면 누군가의 강요인가?

◆ 현재의 내 선택에 어떤 믿음을 가지고 있나?

◆ 현재의 선택에 문제가 있다면 대안과 차선책은 무엇일까?

억대 연봉을 갈구한다면?

◆ 현재의 일에서 성과를 내기 위해 어떤 점을 개선하면 좋을지 적자.

◆ 새로운 선택을 위해 필요한 것이 무엇인지 구체적으로 리스트를 만들자.

성공을 부르는 인사이트

"인생은 B와 D 사이의 C다"라는 장 폴 사르트르의 말이 있다. 태어남 (Birth)과 죽음(Death) 사이에 선택(Choice)이 있다는 뜻이다. 우리 모두에겐 인생에서 수많은 선택의 순간들이 찾아온다. 때로는 예상치 못한 길을 걷거나, 계획한 것과 다른 일을 하게 된다. 선택의 순간에는 기대감과 불안감이, 선택 이후에는 희망과 실망이 얽히고설킨다. 하지만, 선택하지 않는 삶에는 아무런 변화도 일어나지 않는다. 현재의 선택이 우리의 미래를 어떻게 바꿀지는 아무도 모른다. 그렇기 때문에 삶은 더욱 다이내믹한 게 아닐까?

스티브 잡스는 불투명한 앞날의 선택에 대해 다음과 같이 말했다. "앞을 바라보는 점들은 연결할 수 없고, 뒤쪽을 바라보는 점들만 연결할 수 있습니다. 미래에는 점들이 어떻게든 연결될 것이라는 믿음을 가져야 합니다. 직감, 운명, 인생, 업보 등 무언가를 믿어야 합니다. 이는 저를 실망시킨 적이 없으며 제 인생에 큰 변화를 불러왔습니다." 불투명한 미래라는 현실 앞에서라도 도전이 성공을 위한 열쇠라는 점을 강조한다.

30대에 경제적 자유를 얻은 『역행자』의 저자 송명진은 어머니의 권유로 극장에서 아르바이트하게 되었다. 아르바이트하면서 왕따 취급을 받았다. 어느 날 그는 지인의 소개로 도서관을 방문했고, 대화법과 관련한 책을 읽었다. '어떻게 사람들과 잘 대화하고 어울릴 수 있을까?'라는 질문이 그의 인생을 바꾸어 놓은 것이다. 이는 그의 초기 사업모델, 아트라상(재회 컨설팅 회사)을 성공시키는 데 발판을 마련했다.

『부의 추월차선』의 저자 엠제이 드마코도 마찬가지다. 여러 번의 사업 실패 후, 그는 인생이 이렇게 끝나는 것이 아닐까 하는 두려움에 시달렸다. 하지만, '변화'라는 질문을 스스로에게 던졌고 인생을 새롭게 시작할 장소를 물색했다. 자신이 알던 5개의 도시 중에서 우연히 시카고를 지목했다. 시카고에서 리무진 운전사로 일하며 고객의 니즈를 발견했고 웹사이트를 구축해 부의 기반을 다질 수 있었다.

이 들의 선택은 우연일까 운명일까? 아마도 '알 수 없다.'가 정답이다. 하지만, 그들의 우연한 선택이 그 들의 미래를 변화시켰다는 사실에는 변함이 없다.

3. 삶에는 늘 성장통이 따른다

   현재 네이버 카페 '고민상담카페'에서 나는 '작가꿈'이라는 닉네임으로 활동 중이다. 매일 수십 개의 고민과 상담 건들이 끊이지 않고 올라온다. 청장년들의 삶에 조금이라도 보탬이 되고자 하는 마음에 조언하는 활동을 시작했다. 익명으로 글을 올리는 사람들은 가족, 이성, 친구, 직장동료 사이의 인간관계 문제에서부터 취업, 외모 등의 내가 생각지도 못했던 다양한 이슈들을 털어놓았다. 남녀노소 관계없이 많은 사람이 미래에 대한 불확실함과 심한 우울증으로 고통을 호소했다. 삶의 의미를 찾지 못해 삶을 마감하고 싶어 하는 글도 보였다. 그들의 삶을 보면서 과거 나의 어리석었던 모습들이 떠올랐다.

   19세기 독일의 철학자 니체는 "모든 신은 죽었다."라고 말하던 것으로 유명하다. 기독교가 천국과 현재의 현실을 분리하여 이분법적으로 구분하는 것을 그는 부정했다. 기독교의 신을 오히려 인간을 약화시키는 존재로 보았다. 인간들이 신의 절대적인 존재에 의지하여 스스로를 약화시킨다고 생각했었기 때문이다. 니체는 안락한 삶을 추구하는 것은 우리의 목표가 아니며, 우리를 멸망시키는 일이라고 했다. 고통을 견디는 훈련이야말로 우리를 강하게 만들어 주는 근원이며, 우리 안에는 창조와 파괴, 혼돈과 질서가 공존한다는 것을 강조했다. 니체의 의견에 동의한다. 삶은 성장통을 통해서만 우리를 단련시킬 수 있다. 뒤죽박죽 전깃줄처럼 엉켜버린 삶의 문제에서 우리는 고통스럽고 답답해 포기하고 싶다. 하지만, 이런 고비들이야말로 진정한 삶의 가치를 발견할 수 있는 유일한 기회임을 깨달아야 한다.

생각이 삶을 지배한다

상담 카페에 올라온 글들은 연령과 성별에 상관없이 상황을 핑계로 자신의 잠재력을 제한하는 경향이 있다. "벌써 나이가 ○살인데 할 줄 아는 게 아무것도 없어 답답하고 힘들어요."라는 말은 늦은 나이에 무엇인가를 새롭게 배운다는 것이 두렵고 자신감이 없다는 말이다. 상대방의 가치를 나의 가치와 동일시하면서 발생하는 문제도 있다. "얘기해 봐도 소용없어요. 그 사람은 원래 그래요." 상대방의 변하지 않는 태도에 화를 낸다. 상대방의 변화 없이는 문제를 해결할 수 없다고 강조했다. 가족 간 의사소통에도 마찬가지다. 부모나 형제가 아니었더라면 좋았을 것이라고 말한다. 모든 문제의 근원은 하나다. 본인이 만든 '생각의 벽'에 스스로를 가두고 빠져나올 수 없다며 발버둥 치고 있다.

"What we dwell is who we become."

"우리의 생각이 우리의 모습을 결정한다."라는 오프라 윈프리의 명언이 있다. 내가 세상을 어떻게 바라보느냐에 따라 이 세상이 정의되고, 내가 정의한 모습대로만 세상이 보인다는 뜻이다. 세상에 믿을 사람이 없다고 생각하면 사람을 불신하게 되는 것은 당연한 일이다. 삶이 불공정하다고 생각되면 모든 것이 불합리하게 느껴진다. 과거의 나도 대학 진학에 세 번씩이나 실패하고, '인생 나락'이라고 적힌 도장을 스스로 이마 위에 낙인찍고 자책했다. 당시 나는 정상적인 삶이란 대학을 진학하는 일이라고 믿었다. 지금 생각해 보면 안쓰럽고 어처구니없지만 말이다. 당시엔 그런 생각이 정상이라고 믿었다. 잠재력과 희망을 부인하는 애처로운 젊은 시절, 경솔했던 과거 나의 모습이다.

선택의 공황장애

잡코리아와 알바몬이 직장인과 취업 준비생 2,296명을 대상으로 「가장 가지고 싶은 스펙」에 대한 설문조사를 실시했다. 취업 준비생은 인턴 경험이 1위(44.6%), 전공/직무 자격증이 2위(42.2%), 외국어 회화 능력이 3위(32.8%)를 차지했다. 반면 직장인들은 외국어 회화 능력이 1위(40.9%), 전공/직무 자격증이 2위(33.1%), 중요 업무 경험/성과가 3위(28.5%)를 차지했다.

2019년 고용노동부가 취업 지원을 위해 분석한 자료에 따르면, 구인 공고 중에서도 자격증과 관련된 공고가 많았으며, 그중에서도 국가 기술 자격증을 요구하는 공고가 많았다. 국가 기술 자격증의 순위는 다음과 같았다.

* 가장 인기 있는 국가 기술 자격증	* 취업이 잘 되는 국가 기술 자격증 (구인 공고가 많은 순)
1위 컴퓨터 활용능력 1급	1위 지게차 운전기능사
2위 컴퓨터 활용능력 2급	2위 건축기사
3위 지게차 운전기능사	3위 한식조리기능사
4위 한식조리기능사	4위 전기기사
5위 워드 프로세서	5위 토목기사
6위 정보처리기사	6위 전기산업기사
7위 미용사(일반)	7위 전기기능사
8위 굴삭기 운전기능사	8위 직업상담사 2급
9위 전기기사	9위 용접기능사
10위 전기기능사	10위 정보처리기사

'인기가 좋다.' 혹은 '취업 잘 된다.'는 주변의 의견만으로 직업 선택의 충분조건이 된 지 오래다. 무의식적으로 자격증이 필요하다고 믿는다. 나의 적성은 상관없다. 그런데, 설령 자격증을 따고 취업했더라도 다시 고민한다. 기대했던 삶이 아니었기 때문이다. 이들은 답답한 마음에 '고민상담카페'에 글을 올린다. "직장을 계속 다니는 게 좋을까요? 아니면 시험을 봐서 공무원이 되는 것이 나을까요?"

"지금 삶의 선택지를 누구에게 넘기려는가?" 나는 되묻지 않을 수 없다. 이렇게 반문하면 글을 올린 사람은 아연실색하며 이렇게 답을 할지 모른다. "의견을 묻는 것뿐이지 누군가에게 선택해 달라는 말이 아닙니다."라고 말이다. 아니다. 이것은 의견을 묻는 게 아니다. 누군가에게 내 삶의 결정을 바라거나, 새로운 나의 선택에 확신이 없어 확인하는 질문이다. 진정 의견을 듣고 싶다면 질문 방법을 바꿔야 한다. 현재 직장 환경과 업무에 관해서는 누구보다도 본인이 잘 알기 때문에 물을 이유가 없다. 새로운 분야에 관한 장단점과 근무 환경 및 선임자들과의 관계는 어떤지 등을 묻고 조언을 구하는 것이 바람직하다.

많은 질문자는 어떤 선택도 하지 못하고 갈등만 할 것이다. 선택의 공황장애에 빠져 아무것도 선택할 수 없다. 허송세월만 한다. 현재의 일에 최선을 다하거나 새로운 일에 도전할 용기도 없기 때문이다. 선택에 있어 어려움이 많다는 사실은 나도 부인하지 않는다. 그렇다고 어느 쪽도 선택하지 않으면서 시간을 허비하기만 한다면 고통받을 자격조차 없다. 삶의 운전대는 본인이 잡아야 한다. 그렇지 않으면, 내 삶은 더 이상 내 삶이 아니다. 삶에서 어떤 선택이 내게 보다 현명할까에 대한 질문에 생각해 보는 시간을 가지고 싶다면, 3부의 2장과 4장 있는 '분석자'와 '현택자'를 먼저 읽어 보기를 바란다.

선택의 옳고 그름이 있겠나?

고졸 출신에 20대 중반이었던 나는 군대 동기를 따라 무작정 유학이라는 선택지를 골랐다. 거창한 목표 의식이나 계획도 없었다. 황당무계한 결정이었다. 하지만, 선택했고 대학에서 데이터베이스 관리(Database Management) 학과를 전공했다. 이 선택은 소프트웨어 프로그래머로 일할 수 있는 기회를 제공했다. 누가 보면 흘러가는 대로 인생을 산 것이라 볼 수도 있다. 하지만, 삶의 결정만큼은 스스로 내린 것이다. 3년 동안 직장 생활을 하다 회사의 대우에 대해 불만을 품었다. 진정 성공해 보겠다며 어설프게 영업직에 뛰어들었다. 그러나, 새로운 도전에서 처절하게 쓴맛을 보고 30대에 실직자가 되었다. 영업에서 실패한 경험담은 2부에서 자세하게 이야기하겠다.

실직 이후, 나는 구직 활동 중에 두 가지의 길을 만났다. IT 아웃소싱 회사를 통해 대기업의 계약직 개발자로 일을 하거나, 아웃소싱 회사에 입사해 일본에서 있을지 모를 프로젝트에 참가하느냐였다. 두 가지 모두 보증 수표는 아니었다. 삶은 항상 괴롭고 고통스럽게 느껴졌다. 하지만, 아내와 두 명의 아이를 부양 중인 가장으로서 전진만이 필요했다. 후자를 선택했고 일본에서 대형 프로젝트에 참여할 수 있었다.

2006년 8월부터, 일본에 거주를 시작했다. 일반상해보험과 의료보험 시스템을 구축하는 데 코디네이터 역할을 수행했다. 두 해를 지나 프로젝트를 성공적으로 마쳤다. 한국으로 돌아와야 했지만, 가족들은 일본에 남겨두고 홀로 귀국했다. 아내가 일본 사람이라는 것, 아이들 교육은 일본에서 아내가 도맡아 하는 것이 좋겠다고 생각했기 때문이다. 일본에서 인생을 다시 시작하고 싶었다. 결국, 회사에서 퇴사했고 일본에 무작정 들어갔다. 이는 인생의 여정에서 보면 가장 리스크가 큰 시기였다. 나뿐 아니라 가족의 생계가 걸려 있었기 때문이다.

일본에서 구직활동을 할 때, 글로벌 금융위기로 많은 회사들이 무너졌다. 고용을 줄이는 시기였다. 용기는 점점 절망으로 변해갔다. 반년가량 취업 활동을 했지만 성과가 없었다. 야간에 공장에라도 가서 생활비라도 벌어야겠다는 마음이 들 무렵이다. 현재 근무하는 미국 회사에서 면접 요청이 왔다. 면접에 합격해 입사할 수 있었다. 매 선택의 순간에는 늘 고통이 따랐다. 성공과 실패를 반복했다.

성공 노트

- 삶이 고통스럽고 괴롭게 느껴진다면 이는 진정한 가치를 찾아가는 과정이다.
- 선택을 주저하며 시간을 허비하는 대신, 어떤 것이든 선택하는 일이 중요하다.
- 인생에서 선택이란 좋고 나쁨이 있을 수 없다. 두 가지의 삶을 동시에 살 수 없기 때문이다.

억대 연봉을 원한다면?

◆ 현재의 나의 삶은 누구의 선택인가? 가족, 친구, 지인, 아니면 나 자신?

◆ 새로운 선택에 망설이는 구체적인 이유는 무엇인가?

◆ 선택에 대한 두려움은 무엇이고 이 두려움은 어디서 오는가?

◆ 주어진 현재의 문제에 대해서 중장기적 대책과 대안은 무엇일까?

성공을 부르는 인사이트

선택을 위한 과정에서 고통이 동반된다. 이 과정에서 우리는 두려움과 불안을 느낀다. 하지만, 변화를 위해서는 용기와 선택이 필수적이다. 오늘의 작은 용기가 우리의 운명을 송두리째 바꾼다면, 현재 이 망설임은 미래에 어떻게 기록되어야 할까? 선택이라고 부르는 고통의 산을 넘어 새로운 가능성의 땅을 밟는 날, 선택은 우리의 길잡이였음을 알게 될 것이다.

게리 켈러는 그의 책 『원씽』에서 말했다. 우리의 삶은 우리에게 던지는 질문에 대한 답을 찾아가는 과정에서 결정된다고 말이다. 인생에서 던져지는 질문은 선택하는 일만큼이나 중요하다. 고통스러운 선택의 순간마다 수많은 질문이 우리에게 기대하지 않던 답을 안겨줄 것이다. 우리는 그 질문들을 통해 자신과 세상을 더 잘 이해하게 되는 것이다.

2장

마음에는 작동 원리가 있다

1. CEO 마인드로 살아라

　사람의 마음을 움직이는 원리가 있다. 이 원리를 알게 되면 상대방을 조종할 수 있다는 말이다. 다소 과장되어서 들릴 수도 있지만, 마음을 움직이는 작동 원리는 분명히 존재한다. 가스라이팅처럼 오직 개인의 이익과 욕망만을 채우는 것이 아니다. 상대방의 욕구와 목표를 이해하고 실현하면서 나의 이익도 끌어내는 방법이다. 이를 위해서는 상대방의 가치관, 욕구, 목표를 미리 파악해야 한다. 또한, 우리의 언행을 조절하는 방법도 고려해야 한다.

　일본에서 프로젝트에 참가할 때, 나는 사장의 욕구를 이해하고 사람마음을 움직일 기회를 얻었다. 당시 '대표자 빙의'(내가 CEO다)라는 시각으로 문제를 바라보았다. 문제가 복잡하면 우리는 보통 다른 사람이나 상사에게 문제를 떠넘기려는 경향이 있다. 인간의 뇌가 효율성을 중시하기 때문에 나타나는 현상이다. 자신에게 일에 대한 중대성이 낮거나 책임이 없다고 판단되면 뇌는 집중의 끈을 놓는다. 하지만, 회사 사장이 이런 뇌의 효율성을 따를 수는 없다. 회사의 생존과 직결된 문제이기 때문이다.

CEO 마인드 셋 - 하나

일본 현지에서 프로젝트가 시작되기에 수개월 전의 일이었다. 나는 엔지니어들과 시스템 사양서의 마무리 작업을 함께 진행했다. 문서를 영문으로 번역하고 확인하는 과정에서 정합성에 맞지 않는 프로세스를 발견했다. 미팅 일정과 비행기표가 이미 예약된 상황이었지만, 협의할 자료가 준비되지 않은 상태에서 무작정 일정을 밀어붙이는 일이 무의미하다고 판단했다. 만일, 직원 마인드로 접근했었다면, 하루라도 빨리 일본에 들어가야 한다고 생각했을 것이다. 일본에서 해결책을 찾으면 될 것이라는 안일한 생각으로 접근했을 테니 말이다.

'대표자 빙의'가 되었던 나는 일정을 밀어붙이는 일이 시간 낭비이며, 무책임한 행동이라고 느꼈다. 사장에게 일정을 취소하자고 제안했다. 출장 관계자들을 조금 당황스럽게 만들었을지 모르지만, 빙의가 된 나는 선택의 여지가 없었다. 결국 미팅 일정과 비행기표를 모두 취소했다. 보완 작업에 착수했고 작업을 마친 후에서야 일본행 비행기에 오를 수 있었다. 일을 위한 일이 아닌 문제 해결을 위한 당연한 선택이었다.

CEO 마인드 셋 - 둘

일본에서 프로젝트가 중반에 들어갈 무렵이다. 복잡한 문제들이 봇물 터지듯 터졌다. 일정에 지연이 발생했고 회사들 사이에 마찰이 생겼다.

나는 해결책을 찾아야 했다. 부지런히 돌아다녔다. CEO 마인드 셋을 장착한 나는 시스템 수정 작업과 테스트 과정에서 까칠했다. 문제를 다각도로 보기도 했다. 해결책이 없더라도 대안은 있어야 한다고 생각했기 때문이다.

첫째, 일정 지연은 나 CEO로서는 용납할 수가 없었다.

새로운 시스템을 도입할 때, 운영할 사용자들의 피드백을 받는 일은 필수다. 그들이 사용할 시스템이니 당연하다. 하지만, 사용자들이 기존 업무를 처리하면서 프로젝트에 참여해야 했기 때문에 별도로 시간을 내는 것이 녹록지 않았다. 시스템 사양서에 대한 확인 과정과 수정을 위한 피드백이 늦어졌다. 장기간 많은 작업량에 쉽게 지쳐갔기 때문이다. 제시간에 피드백을 받는 일이 어려웠다. 하지만, 지연은 고객사와 개발사 양측 모두에게 추가 비용을 야기한다. 프로젝트의 악영향을 미칠 것으로 생각했다. 예를 들어, 시간당 인건비가 25,000원(8시간, 총 20만 원)이라고 가정하고 20명이 투입되었다면 매달 1억 원의 금전적 손실이 발생한다. 이러한 상황을 그대로 지켜볼 사장은 없다. 나는 움직여야 했다.

스케줄 지연을 방지하기 위해 회의록에 각각의 팀원들이 완료해야 할 항목을 명확하게 정리했다. 누가 언제까지 어떤 일을 끝내야 하는지 알기 쉽게 표시했다. 일정에 지연이 생기고 연락이 없는 담당자가 생기면 그의 책상에서 몇 시간씩이고 진을 치고 기다렸다. 연속된 회의와 산처럼 쌓인 업무를 처리하면서, 한없이 누군가를 기다려야 한다는 일이 정신적으로나 육체적으로 피곤한 노동이 아닐 수 없었다. 더구나 집과 직장 사이 거리가 멀어 매일 출퇴근으로 왕복 4시간을 소비해야 하는 상황은 나를 더욱 지치게 했다.

둘째, 오지랖을 떨어야 답이 보였다.

대형 프로젝트는 오랜 기간 다수의 협력 업체들과 개발, 통합, 테스트를 함께 수행하는 작업이다. 하나의 업체만 스케줄을 잘 맞춘다고 성공하지 않는다. 공동 작업의 특성상, 상호 간 영향을 주고받는 관계가 된다. 한 회사의 지연이 전체 프로젝트 일정에 영향을 미칠 수밖에 없다. 업무에 따라 책임이 애매모호한 작업이 항상 존재했는데, 자신 회사의 범위를 벗어나는 내용이면 바로 선을 그었다. 회사 간 신경전이 치열했다. 자사의 이익을 우선시했기 때문이다. 프로젝트의 성공이 최종 목표라면 누군가는 이런 문제들을 사전에 중재해야 한다. 하지만, 마찰과 갈등을 중재하는 사람이 많지 않았다.

어느 순간부터 나는 중재자가 되어 있었다. 오지랖을 떨었다. 양측의 의견을 듣고 절충안을 제시했다. 중국, 인도, 일본, 프랑스를 포함한 여러 협력사에서 다양한 인종들과 소통하면서 산재한 문제들을 쉼 없이 의논하고 처리했다. 문화뿐만 아니라 개인의 성향까지 이해하면서 의사소통해야 하는 일은 오지랖이 아니면 상상할 수 없는 일이었다. 아침마다

도살장으로 끌려가는 소처럼 하루를 시작했고 저녁이면 42.195m 거리를 완주한 마라톤 선수처럼 돌아와야 했다. 다만, 퇴근길 기차에서 마셨던 한 캔의 정종과 땅콩 안주는 나의 유일한 위로이자 낙이었다.

셋째, 직원의 상식에 반하는 판단을 했다.

프로젝트가 한창이던 무렵, 추가 인원이 필요하다고 판단했다. 현지 파견 직원의 입장에서는 추가 인원은 스스로에게 리스크가 될 수도 있었다. 나 자신의 역량 부족을 인정하는 꼴로 비칠 수 있었기 때문이다. 하지만, 프로젝트 성공이 개인의 능력을 증명하는 일보다 우선시되어야 했다. 사장을 설득하기 위해 글을 작성했다. 머릿속에 남아있는 것을 요약하면 대략 다음과 같다.

▶ 비즈니스 영어 능력의 부족과 상황 파악의 지연으로 프로젝트가 스케줄대로 리드되지 못하는 문제
▶ 다국적 사람들과의 비즈니스에 대한 경험 부족으로 상대의 요구사항에 대한 파악이 지연됨
▶ 대량의 이메일을 주고받는 가운데에서 받는 이와 참조 CC에 대한 경험 부족으로 오해가 빈번히 발생함
▶ 통역 인원 부족으로 기술 관련 회의와 업무 관련 회의를 동시에 진행할 수 없음
▶ 시스템 관련 회의 및 시스템 통합 관련 회의(영어 1명)
▶ 업무별 사양서 회의(일본어 2명)

▶ 대책안: 업무 생산성 향상을 위해 새로운 통역 인원 추가

    월요일 아침, 회사 사장에게 바로 글을 전송했다. 얼마 시간이 지나지 않아 회사로부터 연락이 왔다. 새로운 인원을 즉시 충원을 해주겠다는 약속이었다. 일사천리로 한국에서 전문 통역원을 뽑아 현지에 투입시킬 수 있었다. 프로젝트는 서서히 안정을 찾아갔다. 개인적으로는 즐겁지 못할 상황이었다. 하지만, 회사 입장에서는 바람직한 판단이 아닐 수 없었다. 점차 나는 프로젝트에서 영향력 있는 인물이 되어 가고 있었다. 크고 작은 수많은 결정에서 내 의견이 상당히 반영되었기 때문이다.

- 현 직장에서 대표자 마인드로 상황을 관찰한다면, 이전에는 볼 수 없었던 것들이 시야에 들어온다.
- 상대방의 욕구를 먼저 채우는 일이 결국 내 욕구를 채우기 위한 방법이 된다.

to think

억대 연봉을 원한다면?

◆ 상대방의 가치관과 욕구를 나는 얼마나 알고 있는가?

◆ 지금 하는 일에 책임 의식을 갖고 일한다는 것은 어떤 의미인가?

◆ 현재 직장에서 CEO 마인드 셋으로 존재감 있게 행동하려면 어떻게 해
  야 할까?

성공을 부르는 인사이트

사람 마음을 작동시키는 방법은 간단하다. 편의점에서 아르바이트하더라도 마치 사장처럼 마음먹고 어떻게 하면 좋을까라고 생각해 본다. 휴지가 바닥 여기저기 떨어져 있고 편의점 입구가 지저분하다. 편의점 밖에 있던 종이 박스는 누가 버렸는지 벌써 이틀째 방치되고 있다. 만일, 우리 부모 혹은 내가 편의점 사장이라면 어떤 행동을 취했을까? 당장 휴지를 줍고 물청소를 했을 것이다. 편의점 밖이라도 주변 환경의 미관을 위해 박스를 치웠을 것이다.

누군가는 '아르바이트인데 얼마나 더 준다고 그런 것에까지 신경을 써요?'라고 생각한다. 주어진 일만 하겠다고 한다. 물론 그래도 상관없다. 다만, 상대에게 아무런 기대를 해서는 안 된다. 영혼 없이 일하는 아르바이트생의 갑작스러운 요구를 어떤 사장이 흔쾌히 들어줄까? 아무리 편의점 아르바이트 일이라도 입장을 서로 바꿔서 생각해 보면 쉽게 답이 나오는 법이다.

『소프트 기술』이라는 책의 저자 존 스메즈는 33살 젊은 나이에 이미 경제적 자유를 얻었다. 그는 자신의 삶을 성공적으로 이끄는 방법에 대한 통찰을 깨달아, 이를 100만 명 이상의 소프트웨어 개발자에게 공유한다. 그는 성공의 핵심 요소 중 '책임감'과 '존재감'에 대해 강조했다. 남과 차별화된 행동을 해야 한다는 것이다. 나 또한 다양한 인종, 문화, 연령을 경험해 본 사람으로서 존이 언급한 두 가지 덕목에 대해 성공을 위한 공통 분모라는 사실에는 부인할 수 없다.

2. 역발상 전략으로 증명하라

"200만 원 정도 인상 받을 만한 자격은 충분히 있다고 생각합니다."

내가 회사 대표와 처음 연봉 협상 때 꺼낸 말이었다. 대표의 입꼬리가 살짝 올라갔다. 2001년경 MP3 플레이어 애플리케이션을 개발하고 일한 지 1년째였던 시기다. 그때 나는 어깨 뽕이 잔뜩 들어가 자존심이 하늘을 찌르던 시절이다. 1년 차 직장인 주제에 눈에 뵈는 게 없었다. 쥐뿔도 없었는데 말이다. 오만방자하기까지 해서 대표에게 돌직구를 서슴없이 날렸다. 협상의 결과는 어땠을까? 회사가 정한 대로였다.

동료와 후배가 먼저 승진하는 것을 지켜봤다. 현타가 왔지만 회사의 문제로만 치부했다. 삐뚤어진 자기 생각과 근거 없는 자만이 문제일 것이라고는 생각하지 못했다. 그렇다 보니 언제나 답이 없었다. 분명 어딘가에는 나의 능력을 알아주는 회사가 있을 것이라는 착각 속에서 면접을 보러 다녔다. 나에게 관심을 보였던 회사가 나타나면 바로 면접을 잡았다. 항상 현재의 연봉보다 높은 금액을 요구했다. 동일한 연봉으로 이직할 이유가 없다고 오판했기 때문이다. 돈의 욕망과 쓰레기 같은 자존심만 가득했던 과거 20대 후반의 짜친 나의 모습이다.

당시 내가 대표자 입장에 서서 보더라도 연봉을 올려 주어야 한다거나 승진을 시켜야 할 아무런 명분이 없었다. 허울만 좋고 어설프게 폼이나 잡지 회사를 위해 무슨 가치를 제공했단 말인가? 과거의 내게 반문할 수밖에 없다. 원하는 것을 요구하는 사람은 하수다. 고수는 사람들의 생각을 읽고 꾸준히 일관된 행동을 유지한다. 그러면 상대방은 고수가 원할 것만 같은 것을 미리 상상하고 무엇이든 해 주려고 한다. 꼭 알아야 할 것이 있다. 돈은 바라면 바랄수록 우리가 생각하는 정반대의 방향으로 움직인다는 사실을.

역발상 전략

대표자와 첫 연봉 협상이 끝나고 8년이라는 시간이 흘렀다. 벚꽃이 화창한 2009년 어느 4월의 아침, 나는 과거와 사뭇 달랐다. 금융위기라는 어려운 시기에도 불구하고 일본에서 취업했고 CEO 마인드와 겸손이란 병기로 무장한 성인이 되어 있었기 때문이다. 연봉 협상 기간에는 어떤 요구나 불만도 하지 않았다. 직장에서 해야 할 업무가 있다는 것만으로도 행복했다. 이러한 생각이 내 삶을 지배했고 회사 생활이 즐거웠다. 밤에는 미국 본사의 개발자와 시스템 문제에 대한 해결책을 논의했다. 아침에는 일본의 협력사와 개발자와 회의한 내용을 바탕으로 회의해야 했다. 밤낮없이 바쁘고 힘들었다. 그럼에도 나는 행복했다.

뜬금없이 필리핀으로 출장 지시가 내려지기도 했다. 필리핀 의료 사무국에 가서 현지 협력사와 함께 시스템에 관한 데모를 진행하고 세미나에 참석해 참가자들의 질문에 답하라는 임무였다. 상품에 대한 지식이 불충분한 상태에서 말도 안 되는 지시라고 느꼈다. 하지만, 어떻게든 처리해야 한다고 스스로를 다독였다. 지식을 최대한 활용해 답을 했다. 답하기 어려운 질문은 따로 메모했고 답을 찾아 질문자에게 답을 제공했다. 매일 30도가 넘는 찜통더위의 날씨였다. 다음 회의 장소로 이동하기 위해 완전 정장 차림에 넥타이까지 매고 필리핀 대중교통수단인 지프니에 몸을 실었던 기억이 아직도 생생하다.

말레이시아로 장기 출장을 가는 날도 많았다. 격주의 주기로 일본과 말레이시아를 오고 갔다. 말레이시아에서 오전에는 시스템에 적용할 업무 관련 프로세스를 사용자와 협의했다. 오후에는 협의한 내용을 프로세스 차트로 만들었고 현지 파트너사와 정합성을 확인했다. 장기 거주하며 인상에 깊이 남았던 몇 가지의 일이 있다. 매주 금요일에는 이슬람교를 위한 예배 시간이 배정되어 있었다는 것이다. 3시간가량 모든 업무를 중단해야 했다. 다른 하나는 검은색 부르카(Burka)를 두른 이슬람교 여인의 모습이었다. 코스프레가 아닌 실제의 삶에서 검은색 복장 속에 숨겨진 여성의 모습. 낯선 문화에 대한 왠지 모를 두려움이었다.

3년이라는 시간이 흘렀다. 미국 본사에서 주요 중역들이 일본에 방문했다. 상관이 급히 나를 불렀다. 기술 최고 책임자(CTO)도 함께 있던 자리여서 왠지 나는 불편했다. 짧게 인사를 나누자마자 상관이 내게 말을 건넸다. "축하합니다!" 뜬금없이 축하한다는 말에 꿀 먹은 벙어리가 되었다. 오늘부로 나를 일본팀의 팀장으로 승진시킨다는 것이었다. 신기했다. 진급은커녕 연봉 인상에 대해 일절 언급도 한 적이 없었는데 말이다. 회의실 밖에서 나는 잠깐 어안이 벙벙했다. 불혹에 가까운 늦은 나이에 뜻하지 않던 출세였기 때문이다.

2014년 팀장 시절

순간 생각했다. '혹시 인생에서 역발상 전략이 유효한 게 아닐까?'라고 말이다. 원하는 것이 있으면 요구하지 말고 상대방이 주고 싶게 만드는 역발상적인 사고가 좋을 것 같았다. 그 후로 나는 의도적인 역발상의 전략을 취하기로 마음먹었다. 구체적인 내용을 정리하면 다음과 같다.

▶ 연봉에 대한 불평이나 불만을 표현하지 않기

▶ 업무에 대한 불만은 누구에게도 공유하지 않기

▶ 항상 회사에 감사하게 생각하기

▶ 불쾌한 대화로 갈등으로까지 치닫게 하지 말기

▶ 좋은 일은 많은 사람들과 공유하기

▶ 기회는 타인에게 양보하기

　어느 날, 상사가 나에게 팀에 팀장 한 명을 추가로 배정하는 것이 어떨지 의견을 물었다. 일본 지역의 업무량이 다른 아시아 지역 전체의 양과 비슷하다는 것이 이유였다. 두 개의 지역을 나누어 관리하는 것이 더 효과적이라고 생각했던 모양이다. 하지만, 팀에 팀장이 두 명이 되면 경쟁 상황이 발생할 게 뻔했다. 나에게 불리하게 작동할 수 있다고 생각했다. 본심은 'NO'가 답이었다. 하지만, 역발상 전략을 취했다. 흔쾌히 찬성했고 후배였던 이시다 씨를 새로운 팀장으로 승진시켰다. 일본 지역의 모든 업무를 그에게 맡겼다. 팀 간 경쟁으로 어려움이 생길 것이라 예상했지만, 역발상의 전략은 오히려 좋은 성과를 냈다.

　팀원들 사이의 원활한 협력이 이루어지도록 인간관계 개선에도 노력했다. 어느 날, 이시다 팀장이 업무에 지쳤는지 내게 넋두리했다. 업무에 소극적인 태도를 보였던 우리 상관과 일본 협력사의 틈에서 정신적 스트레스 지수가 높다는 얘기였다. 넋두리를 들어주고 함께 술도 마시면서 다독였다. 어느 봄날 그와 함께 점심을 하고 사무실에 들어가는 길이었다. 이시다 팀장이 뜬금없이 말했다. "김 팀장이 매니저가 되면 얼마나 좋을까?" 나는 고개를 절로 흔들며 황당무계한 소리라고 했다. '깜냥도 안 되는 내가 감히 상관의 매니저 자리를 넘보다니.'라고 생각했다. 하지만, 신뢰를 받고 있다는 방증이라는 생각에 나는 기뻤다.

to think
억대 연봉을 원한다면?

- 새로운 가능성을 탐색하기 위해 역발상적 사고와 전략을 어디에 사용할 수 있을까?
- 직장에서 역발상 전략을 사용한다면 어떤 가치를 얻을 수 있을까?
- 역발상 전략에서 내가 잃을 수 있는 것은 무엇인가?
- 역발상 전략으로 잃는 것과 얻는 것 중 어떤 것에 더 가치가 있을까?

to do
억대 연봉을 갈구한다면?

- 나만의 역발상 전략에 대해 자세히 적어 보자.
- 역발상 전략을 실행해 보기 위해 간단한 것부터 시도해 보자.
- 역발상 전략을 활용하여 현재 상황의 문제를 개선할 방법을 찾아보자.

성공을 부르는 인사이트

2014년에 나는 매니저로 승진했다. 나의 상관은 미국 본사로 돌아갔고, 대신 빈자리를 내가 채웠다. 역발상의 전략은 분명 옳았다. 내가 선택한 대부분의 행동은 자신의 욕망을 거스르는 일이었다. 때로는 손해를 보기도 했다. 하지만, 이러한 행동들 속에는 내가 보지 못하고 미처 깨닫지 못하는 중요한 가치들이 숨어있다는 것을 알게 되었다.

『기브 앤 테이크』의 저자 애덤 그랜트는 말했다. 세상에는 기버, 테이커, 매쳐(받은 만큼 주는 사람)라는 세 분류의 사람들이 있다. 세상에서 가장 부유한 분류와 가장 가난한 분류는 모두 '기버'들이다. 왜 같은 기버들이라도 최고인 부자와 최하의 빈자로 나뉘는 걸까? 그는 이 질문에 이렇게 답한다. 타인의 이익만을 중시하는 가난한 기버는 자신의 이익을 등한시한다. 하지만, 성공한 기버들은 타인의 이익과 동시에 자신의 이익도 중요시한다는 것이다. '역발상의 전략'은 어찌 보면 성공한 기버들의 삶의 태도와 유사하다고 볼 수 있다. 상대에게 양보했지만 결국 자신의 이익으로 돌아왔다는 측면에서 말이다.

3. 마음의 돌까지 녹이는 칭찬의 마법

사람의 마음을 작동시키는 또 다른 도구는 '칭찬'이라는 마법이다. 인간관계가 형성되는 어떤 장소에서든 상대의 마음을 움직이는 힘이다. 칭찬은 지위 고하를 막론하고 상대에게 주는 격려와 인정의 최고 선물이다. 상사에게 칭찬하면 흔히 사람들은 아부라고 생각한다. 맞다. 영혼이 없고 주변 사람들이 공감할 수 없는 칭찬이라면 그렇다.

"남의 좋은 점을 발견할 줄 알아야 한다. 그리고 남을 칭찬할 줄도 알아야 한다. 그것은 남을 자기와 동등한 인격으로 생각한다는 의미를 갖는 것이다."

철학자 괴테의 말이다. 칭찬은 상대방을 나와 동등한 가치를 가진 존재로서 생각함을 나타내는 행동이다. 상대를 존중함으로써 인간관계를 강화할 수 있다는 의미다. 나는 데일 카네기 12주 교육을 받으면서 칭찬과 상대를 존중하는 방법을 배웠다. 칭찬이 상대를 변화시킬 힘이 있다는 것을 깨달았다. 아래의 실제 인터뷰를 통해 구체적인 사례를 들어 보겠다.

현재 우리 회사에 베트남 출신의 중간 관리자, Hoang Thanh Duong (이하 황 과장)이 있다. 일본의 MIT라고 불리는 평판이 좋은 도쿄 기술 공대에서 석사 학위를 받았다. 졸업 후, 라쿠텐(Rakuten)과 액센츄어 (Accenture)와 같은 대기업을 거쳐 우리 회사에 경력 사원으로 입사했다. 함께 일한 지도 십 년이 넘어간다. 어느 날 내가 그에게 이 책을 집필하고 있다고 얘기했고, 그가 바로 흥미를 보였다. '칭찬'이란 주제로 그가 회사에서 겪은 일화를 내 책에 소개하고 싶다고 했다. 인터뷰를 요청했고, 그가 흔쾌히 응해 주었다.

　　나: "황 과장. 일부러 시간을 내주셔서 정말 감사합니다."

　　황 과장: "아니요, 책에 담을 내용이라고 해서 약간 부담스럽긴 하지만요."

　　나: "바로 본론으로 들어갈게요. 회사에서 '칭찬'이란 주제로 인상 깊게 느꼈던 점이나 기억나는 일화가 있으면 들려주세요."

　　황 과장: "제가 이 회사에 입사한 지 얼마 안 된 시기에 있었던 일인데요. 고객이 시스템상의 문제로 전화했을 때, 아무도 전화에 응대하지 않아서 '내가 해야겠구나'라는 생각이 들었던 적이 있어요."

　　나: "왜요? 다른 선배 팀원들이 전화를 받지 않았나요?"

황 과장: "당시에는 팀원들이 대체로 전화를 피하려고 하는 분위기라서 어쩔 수 없이 내가 받아야겠다고 생각했어요."

나: "계속해 봐요."

황 과장: "문제의 원인을 파악하는 데 많은 어려움을 겪었어요. 해결은 안 되고 시간만 흘렀죠. 입사 후 실무 교육도 막 끝난 터라, 아직 케이스 안건에 대한 경험이 부족해서 진땀을 뺐어요. 한참 시간이 지나고 나서야 문제가 일단락되었습니다. 다만, 너무 긴 시간 동안 고객과 씨름하면서 '회사 서비스 품질에 대한 불만이라도 접수되면 어쩌나?'하고 걱정했습니다. 아니나 다를까 다음 날, 관리자가 부르더군요."

나: "당시 황 과장의 관리자라면 브라이언 팀장을 말하는 건가요?"

황 과장: "네, 당시, 회의실에 브라이언 팀장과 함께 계셨잖아요?"

나: "제가요?"

황 과장: "당시 브라이언 팀장과 매니저님이 함께 동석하고 있었어요."

나: "아 그래요. 그래, 뭐라고 했던가요?"

황 과장: "칭찬을 하시더군요?"

나: "에? 자세히 말씀해 주세요."

황 과장: "회사에 입사한 지 얼마 안 된 경력에도 불구하고 용기 내는 모습이 좋았고, 고객에게 열심히 대응하려고 노력하면서 문제를 끝까지 마무리하는 태도가 보기 좋았다고 했습니다."

나: "안 좋은 소리라도 하지 않았나 걱정했네요. (웃음) 근데, 이 일화가 황 과장에게 어떤 의미가 있었다는 건가요?"

황 과장: "과거의 회사들과는 사뭇 분위기가 달랐어요. 보통 실수나 잘못하면 하나하나 지적하고 잘못된 점에 대해 집중하거든요. 그런데 이 회사는 오히려 좋았던 점을 부각해 주고 칭찬해 주니까 제 입장에서는 신기했다고 해야 하나⋯."

나: "그렇군요. 그럼, 이 일화가 황 과장에게 어떤 영향을 주었다는 건가요?"

황 과장: "적극적으로 행동할 수 있었죠. 자신감이 생기고 일에 대한 모티베이션(Motivation)도 생겼어요."

나: "아 그래요? 좋네요. 일에 대한 동기 부여란 게 구체적으로 무엇인가요?"

황 과장: "누구나 새로운 회사에 입사하면 처음에는 '열심히 해야지'라는 생각으로 의욕도 생기고 일에 대한 동기 부여가 높습니다. 그런데, 과실이나 실패로 지적을 받으면 자신감이 떨어져요. 문제는 이러한 일이 반복되면 사람은 소극적인 태도로 변합니다. 점점 일에 대한 동기 부여가 떨어지게 되죠. 하지만, 우리 회사와 같이 실수하더라도 의도적으로 잘한 점을 찾아 부각해 주면 마음이 안정됩니다. 마음이 안정되니 책임감을 가지고 열심히 하면 문제가 없겠다고 생각하게 되죠. 이것이 일에 대한 동기 부여의 의미입니다."

황 과장은 '칭찬 릴레이'라는 게임을 했던 일화도 들려주었다. '아, 그렇다.' 이미 꽤 시간이 흘러 까맣게 잊고 있었던 게임이다. 이 게임을 잠깐 설명하자면 이렇다. 팀원들의 이름을 종이쪽지에 적고, 한 명씩 무작위로 제비뽑기한다. 종이에 적힌 상대방을 일주일간 관찰한다. 다음 주에 관찰했던 상대방의 좋았던 점을 팀원들과 함께 공유한다. 함께 칭찬을 주고받음으로써 개인의 강점을 파악하고 팀의 관계를 돈독히 할 수 있다. 업무상에 문제가 생겨도 협업하는 분위기를 형성해 주는 것이 이 게임의 의도다. 한참 웃으며 인터뷰가 끝나갈 무렵, 나는 황 과장에게 '칭찬'을 통해 배운 것이 있다면 알려달라고 했다. 황 과장이 배운 세 가지 점은 다음과 같다. 또한 그는 자신이 추가한 세 가지 사항을 함께 공유해 주었다.

황 과장이 배운 것

▶ 서로를 존중하는 것 – 상대방과 내가 동일한 위치에서 상호 의견을 존중하는 것

▶ 가치를 존중하는 것 – 각자의 장점을 이해하고 그 가치를 소중하게 여기는 것

▶ 상대를 신뢰하고 맡기는 것 – 일이 마무리될 때까지 충분한 시간을 두고 기
다려 주는 것

새롭게 추가한 것

▶ 팀원의 약한 부분을 적극적으로 지원하고 진심으로 응원하는 것 – 팀원의 약
한 점을 파악하고 어떻게 도와주면 될지 고민하면서 필요한 자료를 제공하면
서 개선될 수 있도록 지속적으로 돕고 응원한다.

▶ 제 삼자에게서 들은 칭찬을 당사자에게 전달하는 것 – 다른 사람으로부터 들
은 칭찬을 직접 당사자에게 전달함으로써 칭찬의 효과를 두 배로 늘린다.

• 칭찬이란 상대방을 우리와 동등한 가치로 인정하고 존중하는 행동이다.

• 상대방의 긍정적인 장점을 의도적으로 발견한다.

• 상대방의 장점을 주변 사람들과 공감하고 어필한다면, 상대방에게 긍
정적인 영향을 미칠 수 있다.

억대 연봉을 원한다면?

◆ 지금까지 내가 생각해 온 칭찬이란 무엇인가?

◆ 내가 경험한 칭찬은 어떤 것이고 내게 어떤 영향을 미쳤나?

◆ 가족 중에 칭찬하기 위한 상대로 누가 좋을까?

◆ 직장에서 칭찬을 위한 관찰 대상자로 누가 좋을까?

성공을 부르는 인사이트

황 과장은 내가 생각한 것 이상으로 멋진 친구라는 것을 알게 되었다. 배운 것을
삶에 적용하고 자신만의 방식으로 더 나은 것을 만들기 위해 노력했기 때문이다. 나
와 황 과장이 동일한 시점에서 경험한 '칭찬'이란 마법이 얼마나 우리들 삶에 중요한
역할을 했는지 깨닫게 되었다. 우리는 칭찬받으면 자신감을 얻고 노력한다. 노력을
인정받으면 더 발전하기 위해 노력하는 계기가 된다. 이러한 선순환은 인간관계를
풍성하게 하고 팀을 더욱 돈독하게 만든다. 황 과장과의 인터뷰를 통해 칭찬의 힘에
대해 더욱 확신할 수 있었다.

3장

성공을 위한
네 가지 원칙

1.

원칙 1
– 소프트 스킬을 높여라

　사람을 움직이는 방법들에 대해 앞장에서 설명했다. 이와 밀접하게 관련된 스킬이 있다. '소프트 스킬'이다. 20년 이상 직장 생활을 하면서 성공한 사람들의 태도나 행동을 곱씹어 보면 유사한 공통점을 발견할 수 있었다. 인간관계에서 협력을 끌어내는 데 탁월한 능력을 갖췄다는 점이다. 이는 우리가 흔히 생각하는 원활한 의사소통 능력으로만 국한되지 않는다. 갈등과 마찰 상황에서 문제를 정확하게 인식하고 현명한 판단으로 문제를 적극적으로 해결한다는 것이다. 이들은 일반인보다 높은 소프트 스킬을 보유하고 있다. 그렇다면 대체 소프트 스킬이 무엇이고 성공을 위해 왜 필요한지 알아보자.

　소프트 스킬을 이해하기 위해 하드 스킬에 대해 먼저 이해할 필요가 있다. 회계사는 회사의 재무 표를 읽을 줄 알고 잘못된 기재 사항을 지적할 수 있어야 한다. 네트워크 엔지니어는 어떤가? 네트워크 장비와 관련된 지식을 갖추고 하드웨어 문제의 원인을 파악해 해결할 줄 알아야 한다. 햄버거 체인점에서 일하는 사람은? 햄버거를 만들 때 무슨 재료를 넣고 어떤 순서로 만들어야 하는지 조리 방법을 알아야 한다. 모든 직업에는 일 처리를 위해 필요한 지식을 습득해야 하는데, 이를 하드 스킬이라고 한다. 직무와 관련된 매뉴얼을 읽고 업무 교육을 통해 향상할 수 있는 능력이다. 경험이 쌓이면서 자연스럽게 습득할 수 있는 스킬이다. 물론, 분야에 따라서는 오랜 기간 연구가 필요한 경우가 있다. 하지만, 보통 하드 스킬은 경험이 쌓이면 비교적 쉽게 습득할 수 있는 능력이라고 보면 된다.

소프트 스킬은 뭘까?

넓게 보면 조직 내에서 협력을 이끌어 성과를 내기 위한 능력이다. 조직의 성과를 최대화하기 위해서는 사람들과 원활한 커뮤니케이션 능력이 필수적이다. 이는 문제 해결, 협업, 공감 능력과도 관련이 깊다. 또한 책임성, 적극성, 창의성, 인내심, 존중과 배려심 등이 연관되어 있다. 어떤 면에서는 매우 추상적이고 주관적인 것이라고 볼 수 있다. 물리적으로는 측정이 불가능하기 때문이다. 하지만, 어떤 조직에서든 상대의 감정을 잘 읽고 적극적인 소통과 협력으로 복잡한 문제를 해결하는 사람들이 있다. 이러한 능력을 선천적으로 갖추었든 후천적으로 키워 냈든, 이런 사람들이 우리 주변에는 분명히 존재하기 마련이다.

성공적인 인간관계를 형성하기 위해서는 하드 스킬과 소프트 스킬 모두 중요하다. 하지만, 나는 소프트 스킬에 더 높은 가치를 두고 싶다. 인간관계에서 발생하는 문제와 그로 인한 영향은 금전적으로 측정하기는 어렵다. 하지만, 사회적, 경제적 손실은 상당히 클 것으로 예상할 수 있다. 업무 능력보다는 사람들과의 관계에서 자주 트러블이 발생하고 그로 인해 고통받고 스트레스가 심해져 최악의 경우 직장을 그만두게 되는 경우까지 발생하기 때문이다. 그럼에도 불구하고, 공교육은 인간관계 문제에 대해 집중하지 않는다. 하드 스킬에 초점을 맞추고 있기 때문이다. 어찌 보면 우리가 겪고 있는 수많은 인간관계에서의 고통은 당연한 결과라고 볼 수 있다. 소프트 스킬 향상을 위한 구체적인 방법론에 대해서는 3부의 '실험자'에서 설명하겠다. 여기서는 내가 경험한 소프트 스킬의 능력에 따른 영향력에 대해 분석해 보겠다.

소프트 스킬이 낮았던 사례

관리자가 되고 얼마 되지 않아 고객 대응을 위한 긴급 대기 인원 배정표를 작성해야 했다. 시스템 유지 보수팀은 24시간 7일 대기조로 고객의 시스템상에 문제가 발생하면 즉시 대응해야 했기 때문이다. 우리 일본 지원팀의 경우는 인력이 풍부한 미국 본사와는 달리 소수의 인원으로 편성해야 했다. 팀원당 1개월 이상의 기간을 담당해야 했기에 정신적인 압박감이 컸다. 고객 시스템에 문제가 발생하면 퇴근 후나 주말 상관없이 밤과 낮으로 고객에게 응대해야 했다. 누구도 즐겁지 않은 책임과 역할이다. 하지만, 할당된 부서의 책임을 어찌 회피할 수 있겠는가? 대기 편성표에서 1년 치의 기간을 팀원의 수만큼 공평하게 나누어 편성했다. 이를 팀원들에게 공지했다.

어느 늦은 저녁, 고객의 시스템이 멈추는 소동이 벌어졌다. 그런데, 당일 담당자가 마치 산 너머 불구경하듯 느긋한 태도로 대응하는 것이었다. 최대한 빠르게 상황을 파악하고 문제의 원인을 찾아 시스템을 원상복구해야 할 책임이 있음에도 불구하고 말이다. 상황을 파악하는 시간조차 지연되고 있었다. 늦장 대응으로 고객 클레임이 발생할 수 있다고 판단했다. 나는 담당자에게 당장 전화를 걸었다. 해결책을 찾는 것은 둘째치고 상황을 파악하는 질문이 유효하지 않다고 질타했다. 담당자의 늦장 대응에 나는 분을 참지 못해 감정이 폭발했다. 문제를 내가 직접 처리하는 편이 빠르겠다고 생각할 정도였다. 하지만, 그렇게 하지 않았다. 그러면 배정표를 작성한 의미가 없고 팀원의 책임감도 약화될 것을 우려했기 때문이다.

담당자는 본사 개발자와 새벽까지 문제점을 의논하고 해결책을 찾았다. 시스템은 정상적으로 다시 가동되었다. 그 이후에도 유사한 상황이 빈번히 발생했다. 더 큰 문제는 다른 대기 배정자들도 이전 담당자와 비슷한 소극적인 태도를 보였다는 점이다. 문제가 반복되고 개선책은 보이지 않았다. 관리자인 나로서는 스트레스를 받을 수밖에 없었다. 대기 인원을 추가하자고 새로운 직원을 고용할 수도 없는 노릇이었다. 팀원들의 무책임한 행동과 태도를 전혀 납득할 수 없었다.

▶ 분석 – 이 상황은 소프트 스킬에서 필수 요소인 '의사소통'과 '협력'이라는 두 가지의 관점에서 세 가지의 문제점을 가지고 있다.

첫째, 대기 인원을 배정하고 결정 사안을 공지하는 일은 문제가 아니었다. 다만, 관리자의 태도와 일 처리가 문제였다. "까라면 까라!"는 상명하복식의 지시는 효과적이지도 못할뿐더러 관리자로서도 실격이다. 한정된 인원이 오랜 기간 대기해야 하는 경우, 부담감이 생기기 마련이다. 관리자는 구체적인 배경 설명도 없이 문제가 해결되기를 바랐다. 어리석은 행동이다. 부하가 상관의 결정에 따르는 것은 조직 사회의 순리다. 하지만, 자세한 배경 설명과 양해도 없이 "실행하라!"라는 일방통행식 소통방법은 현명하지도 않거니와 유효하지도 못하다.

둘째, 잘못된 직원의 행동을 지적하는 일은 옳았다. 다만, 타이밍이 문제다. 고객 대응이 우선이라면 일이 마무리된 후라도 지적할 수 있었다. 관리자는 상황을 파악하고 필요하다면 팀원과 함께 문제를 해결하도록 도왔어야 했다. 일이 무사히 마무리되고 문제점에 대해 의견을 나누면 된다. 의견을 나누며 개선점을 논의했다면 감정적 에너지 소비는 불필요했다. 감정적 대응은 상호 신뢰를 무너뜨리고 상황만 악화시킬 뿐이다.

셋째, 담당자가 책임 의식을 갖게 하기 위해 '혼자 하도록 내버려두어야 한다'는 생각은 반은 맞고 반은 틀렸다. 팀원의 고충을 제대로 이해하지 못한 채 방치하면서 책임 의식을 기대해서는 안 된다. 오히려 인식의 차이로 나중에 상황이 악화될 수도 있다. 관리자는 상황을 정확하게 파악해야 할 책임이 있었다. 팀원의 상황에도 공감해 주면서 접근해야 했다. 상대가 충분한 시간을 갖도록 배려하면서도 업무에도 실질적인 도움이 되도록 필요한 정보를 제공해야 한다.

소프트 스킬이 높았던 사례

데일 카네기 교육을 받으면서 나는 인간관계와 관련된 많은 책도 읽었다. 이를 통해 소프트 스킬을 향상해 나갔다. 이러한 과정을 통해 동일한 조건과 상황에서 성과를 낼 수 있었다. 개인 면담을 통해 관리자 입장에서 무엇을 개선하면 좋을지 직원들의 건설적인 의견을 들었다. 그 과정에서 실용적인 해결책과 대안을 모색했다. 매번 소통하는 것에 주안점을 두고 대책 마련을 위해 고민했다. 이 과정에서 내가 놓쳤던 문제점을 발견할 수 있었다.

문제점 해석

▶ 대기시간을 비용으로 지불하지 않았다.

대기 인원을 배정하면서 퇴근 후, 오후 6시부터 다음 날 오전 9시까지 총 16시간 동안, 고객 대응과 상관없이 대기시간을 비용으로 지불했어야 했다. 관리자의 입장에서는 고객을 대응한 실제의 시간만 비용으로 청구하게 했다. 이유는 예산 확보의 어려움 때문이었다. 하지만, 일본의 법률에 따르면 고객 대응 시간 이외에도 대기 시간 전체를 비용으로 지불해야 할 의무가 회사에 있었다.

▶ 협조 체제 없이 혼자 대응하는 일이 어렵다.

고객 전화에 응대하면서 동시에 시스템 문제점을 파악하는 일은 팀원에게 어려운 일이었다. 고객과의 통화 중에도 사내 시스템을 확인하고 신속한 해결책을 제공해야 했기에 부담감이 컸다. 해결책을 찾지 못하면 마음이 불안해지고 다음 단계에 무엇을 어떻게 해야 할지 고민하는데 상담할 파트너가 없어 힘이 든다는 고충이었다. 개인의 경험과 능력치에 따라 어려움의 정의와 범위에 다르다는 점을 간과했다.

▶ 주말이나 퇴근 후에는 그냥 쉬고 싶다.

저녁과 주말에는 가족이나 친구들과 편하게 보내고 싶다는 의견이었다. 업무의 특성상 의무와 책임의 범위에 대해 알고 있지만, 사람마다 가치관이 다르다는 것을 알게 되었다. 이러한 경험을 통해 향후 보다 효율적인 업무 운영과 직원들의 휴식에 대한 가치관을 존중하는 조치가 필요하다는 것을 깨달았다.

해결책과 대안

▶ 대기 시간 자체도 모두 비용으로 청구하게 해 달라.

예산이 턱없이 부족했다. 결국, 봉사할 수 있는 직원들만으로 대기 배정표에 포함하기로 했다. 다행히도 다수의 직원으로부터 협조를 받을 수 있었다. 하지만, 관리자들도 대기 배정표에 참여하게 했다. 인력 부족 문제를 최소화하고, 관리자가 배정표에 참여함으로써 고객 서비스를 위한 품질도 향상할 수 있다고 생각했다.

▶ 고객을 혼자 대응해야 하는 부담감이 크다.

대기 인원을 두 명으로 늘렸다. 대기 기간 주기가 짧아졌지만, 주 담당자와 부 담당자로 나누어 협조 체제를 구축하게 했다. 두 명의 담당자가 만일 동시에 대응이 어려운 상황에 부닥칠 경우, 관리자에게 연락하여 관리자가 문제를 직접 처리하게 했다. 이러한 조치를 통해 서비스의 효율성을 높이고 담당자들의 심리적 부담감을 줄일 수 있었다.

▶ 대기 인원에 참여하고 싶지 않다.

지원자 중심으로 대기 인원을 편성했으나, 부서의 역할과 고용 계약서에 명시된 직원의 업무 내용을 정리하여 자료로 만들었다. 자료를 설명하는 시간도 별도로 가졌다. 직원의 책임과 업무 범위에 관해 확인하고 대기 인원 필요성의 정당성을 확보하기 위해 노력했다. 이러한 노력은 회사 조직이 개인에게 바라는 역할과 기대에 관한 투명성을 높일 기회가 되었다.

상황은 어떻게 변했을까? 시스템 문제가 발생하면, 팀원들과 관리자가 즉각 참여하여 신속히 원인을 파악하고 해결책을 모색하는 분위기가 조성되었다. 이 과정에서 황 과장의 희생정신이 팀에게 큰 영향을 미쳤다. 팀은 적극적인 협조와 원활한 의사소통을 통해 문제를 해결했다. 관리자들이 희생하는 모습을 보여주면서 팀은 이전보다 더 적극적인 협력 관계를 구축했다. 이는 'ONE TEAM' 정신을 끌어냈다. 1년 전과 비교하면 상황이 180도로 바뀌었다.

주말 아침, 시스템 문제가 발생했을 때다. 주 담당자가 가족과 공원에 나들이를 나섰다. 시스템 접근이 불가능하여 부 담당자에게 즉시 연락을 취했고 처리를 부탁했다. 관리자는 시스템 문제에 대한 접수 사실을 인지하고, 팀원에게 필요한 정보를 미리 제공했다. 부 담당자는 관리자로부터 제공받은 정보로 신속하게 문제를 해결했다. 업무의 효율성이 향상되었다. 고객 대응 시간도 단축되었다. 상호 의존하면서 어려운 상황을 극복할 수 있는 팀으로 발전했다.

- 소프트 스킬은 추상적이지만, 성공적인 인간관계를 형성하기 위한 필수적인 요소다.

- 소프트 스킬은 원활한 의사소통에만 국한되지 않는다. 다른 사람의 의견을 주의 깊게 경청하고 공감하면서 구체적인 해결책과 실용적인 대안을 찾아내는 능력을 포함한다.

to think

억대 연봉을 원한다면?

◆ 원활한 의사소통을 위해 내게 필요한 점이 무엇인가?

◆ 내 말투와 태도는 상대방과의 의사소통에서 문제가 없을까?

◆ 팀을 협조 체제로 만들기 위해 변화시켜야 할 것들은 무엇일까?

◆ 상대방의 마음을 나는 얼마나 공감하고 있는가?

◆ 상대방의 마음에 공감하려고 얼마나 나는 애를 쓰는가?

성공을 부르는 인사이트

　스탠퍼드 대학교는 1918년에 발표한 연구 자료에서 직업 성공의 85%가 소프트 스킬에 의존하며, 나머지 15%는 하드 스킬이 차지한다고 밝혔다. 이는 소프트 스킬의 개발과 향상이 개인의 성공과 직장 내 공동체 성과에 핵심적인 영향을 미치는 중요한 요소임을 시사한다. 비록 백년도 넘은 과거의 조사 결과라지만, 현재 우리가 살고 있는 이 시대에도 간과할 수는 없다. 이 스킬의 중요성과 가치는 앞으로도 변함없이 인간관계에서 유용한 자산으로 여겨질 것이 분명하기 때문이다.

2. 원칙 2
– 몸을 괴롭혀라

    성공한 사람들의 일상 루틴을 살펴보면 운동과 명상에 시간을 할애한다는 것을 알 수 있다. 명상이 정신적인 측면에서 마음을 조절하는 훈련이라고 한다면, 운동은 정신과 육체의 균형을 싱크하는 메커니즘이라 할 수 있다. 운동하라는 말로 들려서 너무 식상한가? 『인스타 블레인』의 저자 안데르스 한센의 말을 들어보면 이야기가 달라진다. 안데르스 한센은 정신과 의사로서 운동의 효과에 대해 과학적 증거를 제시했다. 불안감이 높은 대학생들을 대상으로 두 그룹으로 나눠 실험을 했다. 한 그룹은 20분 동안 고강도 운동인 달리기를 수행하도록 했고, 다른 그룹은 20분 동안 저강도 운동인 산책을 하게 했다. 주당 세 번, 총 2주 동안 실험을 진행했다.

    연구 결과에 따르면, 모든 그룹에서 불안 수준이 유의미하게 감소했다. 특히 고강도 운동을 한 그룹은 다른 그룹보다 스트레스와 불안감 수준이 현저하게 낮았다. 게다가 연구 종료 후 일주일이 지난 후에도 여전히 낮은 수준의 불안감이 지속되었다. 이는 극심한 스트레스와 불안감을 완화할 수 있는 자연 치료 수단으로써 운동이 효과적임을 과학적으로 입증하고 있다. 현대 사회를 사는 우리에게 운동이 얼마나 합리적인 선택이 아닐 수 없는가?

몸과 운동 기구가 거의 물아일체

한때 나는 스트레스와 우울한 감정으로 하루를 고통스러워했던 적이 있다. 어느 날부터 왼쪽 측면 옆구리가 지속해서 아팠다. 초기에는 고통을 무시했지만, 통증이 점점 더욱 심해져 '혹시'라는 생각에 병원을 찾았다. '혹시 암은 아닐까? 남은 내 가족은 어쩌지….' 수만 가지의 생각들이 머릿속을 혼란스럽게 만들었다. 마침 내시경 검사를 받고, 결과에 대해 의사와 의논하는 날이었다. 마음의 각오를 단단히 해야 했다. 그런데, 허무했다. 결과에 아무런 이상도 없다는 거다. 의사에게 묻지 않을 수 없었다. "선생님, 그럼 지금까지의 이 불쾌감과 통증은 도대체 뭔가요?" 의사가 답했다. 몸 내부에 가스가 차, 불쾌감을 유발했다는 설명이었다. 어이가 없었다. 의사는 음식을 급하게 먹지 말고 균형 잡힌 식단과 운동을 하라고 조언했다.

그날 당장 헬스장에 달려갔다. 본격적으로 내가 운동을 시작하게 된 계기다. 과거 운동을 잠시 한 적이 있었다. 하지만, 동기 부여가 부족해 중도에 포기했었다. 이번만큼은 마음가짐을 다르게 했다. 기구 사용법을 익히고 자세 교정을 위해서라도 전문 운동 트레이너의 지도를 받기로 했다. 나에겐 투자였다. 전문가의 지도를 받으면 포기하지 않고 지속할 수 있을 것이라 믿었기 때문이다. 매주 한 번은 PT를 받고 평일에는 개인 훈련에 임했다. 큰 근육을 중심으로 다리, 등, 가슴을 번갈아 가며 적극적으로 운동을 했다.

죽을 맛이었다. 갑작스러운 운동으로 근육통에 시달렸기 때문이다. 출퇴근길에 환자처럼 걷는 일이 다반사였다. 그렇지만 마조히스트가 된 것처럼 나는 근육통을 행복으로 느꼈다. 운동하는 시간만큼은 머릿속이 하얀 백지처럼 리셋되는 느낌이었기 때문이다. 몸과 운동 기구가 거의 '물아일체'가 된다는 영화 〈타짜〉의 편 경장 말이 떠올릴 만큼이나 몰입했다. 운동이 끝나면 기분이 항상 업되었다. 하루가 한 달이, 한 달이 몇 해를 지나자 운동은 이미 내 삶의 일부분이 되었다. 옆구리의 통증과 스트레스는 이미 역사책이 된 지 오래였다.

유명한 가수 중에서도 운동을 통해 긍정적인 변화를 이룬 사람이 또 있다. 영국의 가수이자 작사가인 아델(Adele Laurie Blue Adkins)이다. 그녀는 예전부터 체중과 자신감 문제로 고통받는 삶을 살아왔다. 공개적으로 체중과 외모에 대한 비판을 받으면서 그녀는 자존감을 잃어 갔고 불안해했다. 그러나, 그녀는 살을 빼는 것이 아니라 강해지고 싶다고 생각했다. 개인 트레이너의 도움을 받아 규칙적인 운동을 시작했고, 하이킹과 같은 유산소 운동을 병행했다. 이러한 노력의 결과로 사회적인 모임이나 무대 위에서 그녀는 훨씬 더 자신감을 찾았다. 운동을 통해 아델은 삶의 변화를 이루었고 자신감을 회복할 수 있었다.

시름의 치유자 – 넷플릭스 <슈룹> 11화에서

'몸이 괴로우면 시름이 준다'는 말이 있다. 우리 어머니가 가끔 하시는 말씀이다. 드라마 <슈룹>에서 이 말을 떠올리게 하는 에피소드가 있다. 왕의 후계자였던 세자가 죽자 새로운 세자를 책봉하기 위해 왕자들 간에 경합이 벌어졌다. 중전의 몸에서 태어난 네 명의 왕자들과 후궁들 사이에서 태어난 왕자들이 후계자로 선택받기 위해 치열하게 경쟁해야 했다. 한 후궁이 자기 아들을 후계자로 만들기 위해 죄를 저질렀고, 이 사실을 알게 된 중전은 후궁을 나인으로 강등시켰다. 하루아침에 나인으로 전락한 후궁은 매일 중궁전의 침소를 아침저녁으로 청소해야 했다. 고단함에 지쳐 있던 어느 날, 중전의 침소에서 잠시 잠이 들어 버렸고, 잠이 들었다는 생각에 눈을 번쩍 떴다. 후궁의 그런 모습을 지켜보던 중전이 말을 꺼냈다.

"몸이 고달프니 마음의 시름이 좀 잊히더냐."

후궁의 선량한 성품을 알았던 중전은 일부러 고된 노동으로 그녀의 시름을 잠시나마 잊도록 배려했던 것이다. 고달픈 그녀의 마음을 달래 주기 위해 노동이라는 치유 방법을 선택했다. 중전의 따뜻한 배려로 후궁은 죄를 뉘우쳤고 다시 후궁의 자리로 돌아올 수 있었다.

과거의 나도 시름을 달래기 위해 퇴근길에 거리를 무작정 배회했던 적이 있다. 아키하바라에서 우에노까지 몇 킬로미터를 매일 무작정 걸었다. 어딘가로 도망치고 싶은 마음이 컸다. 하지만, 가족을 버리고 도망칠 수도 현실에서 도피할 수도 없었다. 생존을 위해 매일 걸어야 했다. 걷다 보면 복잡한 생각들을 잠시 잊을 수 있었기 때문이다. 삶의 막다른 골목에서 극단적인 생각을 했다. 그러나, 운동이 내 방황의 시계를 멈추게 했다. 세상은 변함없이 그대로였는데도 말이다. 작은 삶의 변화가 모든 생각을 바꾸게 했다.

정신과 의사가 말하는 건강한 라이프 스타일

「의학 내셔널 라이브러리(National Library of Medicine)의 멘탈 건강을 위한 운동」이라는 논문에 따르면, 운동을 통해 낮은 자존감과 우울감과 같은 정신적 증상을 완화할 수 있다고 설명한다. 예를 들어, 조깅, 수영, 자전거 타기, 걷기, 정원 가꾸기, 춤과 같은 운동이 다양한 연구 결과에서 불안과 우울증을 감소시킨다고 강조한다. 앞서 안데르스 한센이 언급했던 연구 결과뿐만 아니라, 이 논문에서도 일주일에 3일 빠르게 걷기와 같은 적당한 강도의 운동을 30분만 하더라도 건강상의 이점을 얻을 수 있다고 발표했다. 많은 정신과 의사들이 환자에게 권하는 규칙적인 운동의 이점은 다음과 같다.

▶ 수면 개선
▶ 섹스에 대한 관심 증가
▶ 지구력 향상

▶ 스트레스 해소

▶ 기분 전환

▶ 에너지와 체력 향상

▶ 피로감 감소로 인한 집중력 향상

▶ 체중 감소

▶ 콜레스테롤 수치 감소 및 심혈관 건강의 개선

- 이미 수많은 과학적 연구 자료들이 운동의 중요성에 대해 주목하고 있다.
- 운동을 할 수 없는 상황과 이유는 다양하다. 하지만, 이는 실천하는 일과는 별개의 문제다.

to think

억대 연봉을 원한다면?

◆ 마지막으로 땀을 흘리면서 운동한 적이 언제였나?

◆ 내 주변에 가까운 헬스장은 없나?

◆ 내가 다니는 헬스장에서 PT를 받을 수는 없을까?

◆ 집에서도 시작할 수 있는 맨몸 운동으로 뭐가 좋을까?

◆ 운동을 함께 하면서 동기 부여해 줄 친구나 회사 동료는 없을까?

성공을 부르는 인사이트

성공한 사람들이 건강 유지를 위해서만 운동을 하는 것은 아니다. 긍정적인 에너지를 얻기 위해서도 있다. 어떤 일을 꾸준히 하기 위해서는 지구력이 필요한데, 운동은 육체적, 정신적으로 밸런스를 유지하는 데 도움이 되는 지구력을 키워 주는 에너지원이 된다. 정신 의학신문에 있는 기사에 따르면 운동은 우리의 뇌에서 도파민, 세로토닌, 엔도르핀을 분비하도록 촉진한다. 도파민은 행복감과 즐거움을 느끼게 해 주고 우리의 집중력을 높이는 역할을 한다. 세로토닌은 항우울증 치료제의 약물로도 쓰인다. 엔도르핀은 코티졸, 엔케팔린과 더불어 뇌에서 분비되는 3대 스트레스 호르몬이다. 이는 모르핀의 2백 배에 해당하는 진통 효과를 가진다. 우리가 왜 운동해야 하는지 그 필요성에 대해 극명하게 증명하고 있다.

3. 원칙 3
– 인생의 멘토를 찾아라

내비게이션을 사용하면 처음 가는 여행지라도 손쉽게 목적지를 찾아갈 수 있다. 목적지의 주소를 입력하고 검색하면 몇 가지 선택지를 안내받는다. 빠른 고속도로나 시간이 조금 걸리는 국도 등 다양한 루트가 포함되어 있다. 인생도 마찬가지다. 성공을 향한 다양한 방법과 길이 존재한다. 현명한 멘토로부터 소중한 경험과 조언을 얻는다면 목표 달성이 수월해진다. 멘토를 통해 문제 해결 능력이 향상되면 불필요한 시간과 비용을 절약할 수 있기 때문이다. 자신을 위해 올바른 길을 찾기 위해서는 누군가의 안내가 성공의 열쇠가 된다. 그렇다면 인생에서 충실한 안내자를 만날 수 있는 좋은 방법은 없을까?

독서와 멘토링이다. 독서는 각 분야에 있는 거장들의 경험과 지혜를 직접 만나지 않고도 배울 수 있는 유용한 수단이다. 시간과 장소에 구애받지 않는다. 언제든지 그들의 지식을 습득할 수 있다. 또 다른 방법은 멘토링으로, 삶의 멘토를 찾아 직접 배움을 얻는 방법이다. 멘토는 본인이 겪은 시행착오와 그로부터 얻은 교훈을 전수해 줄 수 있을 뿐만 아니라, 지속적인 피드백을 통해 우리의 성장을 돕는다. 독서와 멘토링을 최

대한 활용하면 인생에서 원하는 목표를 달성하는 데 많은 도움을 받을
수 있다.

개념 이해 - 독서

개발자로서 3년 이상 프로그램을 개발하면서 '객체 지향적 프로그래밍'
이란 개념을 이해하지 못했다. 지금 생각해도 개발자로서 부끄러웠던 일
이다. 책을 통해 개념을 배울 수도 있었지만 책이라면 머릿속에서 참고
서가 떠올랐다. 당연히 읽기가 싫었다. 더구나 친절하고 쉽게 설명해 줄
선배도 없어, 이 개념을 이해하지 못한 채 개발을 했다. 어느 날, 한 권의
책(제목이 기억나지 않는다)을 발견했고 며칠 동안 미친 듯이 읽어 나갔
다. 책의 저자는 객체의 개념을 우리 일상에서의 예(붕어빵 기계)를 들어
쉽게 설명했다. 이 책을 읽는 독자 중에도 초보자 개발자인데 아직도 '객
체 지향적 프로그래밍'이란 개념이 명확하지 않다면 좋은 기회가 되기를
바란다. 나도 예전 그 책의 저자처럼 일상의 예를 들어 설명해 보겠다.
개발자가 아니거나 흥미가 없다면 이 부분을 건너뛰어라.

플라스틱 팩에 담아 둔 멸치볶음을 덜어 먹기 위해 파스타를 담는 넓
적한 접시를 사용하는 사람은 없다. 밑반찬을 앞접시에 담을 때는 음식
의 양과 크기에 따라 그릇의 크기를 정하기 때문이다. 정보(data)를 담는
그릇도 마찬가지다. 정보의 크기에 따라 적절한 '그릇'을 선택해야 한다.
물론 큰 그릇에 멸치볶음을 담을 수도 있다. 그러나, 큰 그릇만 사용하면

식탁 공간이 어떻게 되겠는가? 다양한 반찬을 모두 놓기 어려운 상황이 발생한다. 정보도 마찬가지로 적당한 크기의 그릇을 사용해야 메모리 부족 현상이 발생하지 않는다.

크고 작은 적당한 크기의 그릇들을 하나의 그룹으로 묶어 생각하면 '구조체'라는 그릇이 된다. 이것이 구조체 개념이 탄생한 이유이다. 이는 크고 작은 정보들을 한꺼번에 모아 효율적으로 주고받을 수 있다는 장점이 생긴다. 그러나, 구조체는 덧셈과 뺄셈과 같은 연산 기능을 추가할 수가 없다. 이러한 기능을 추가하려면 별도의 또 다른 그릇이 필요하다. 이것이 '클래스'라는 개념을 탄생시켰다. 이처럼 밑반찬을 담는 작은 그릇을 (소) 그릇이라고 비유하면 구조체는 (중) 그릇이 되고 클래스는 (대) 그릇으로 확장된다.

자, 그럼 객체에 대해서 알아보자. 그릇에 담는 것은 무엇인가? 당연히 음식이다. 다양한 크기의 그릇들에 담긴 음식들로 구성된 한 상 차림이 곧 '객체'다. 한 상의 차림(객체)은 음식(정보)의 종류에 따라 변할 수 있다. 예를 들어, '게장 한정식'을 판매하는 음식점마다 밑반찬의 조합은 다를 수 있다. 콩나물무침, 어묵, 그리고 총각김치로 반찬을 담는 식당이 있는가 하면, 다른 어떤 다른 식당은 멸치볶음, 무채, 그리고 열무김치로 반찬을 담는다. 밑반찬의 조합을 어떻게 구성하느냐에 따라 한 상 차림의 구성이 달라지듯, 클래스라는 그릇에 담길 정보를 어떻게 구성하느냐에 따라 객체는 달라진다. 클래스라는 그릇에 담은 서로 다른 객체를 주고받으면서 프로그래밍하는 방식을 두고 우리는 '객체 지향적 프로그래밍'이라고 표현한다. 부록에 C# 코드와 예제와 함께 설명했으니 나중에 참고하기 바란다.

멘토링

안데르스 에릭슨 교수는 『1만 시간의 재발견』이라는 책의 저자로 알려져 있다. 어떤 분야에서든 전문가가 되기 위해 1만 시간이 필요하다고 주장한다. 더불어, 멘토링이 전문성을 갖추는 핵심 요소라고 강조한다. 학습자가 지속적인 피드백을 받아야 더 성장할 수 있다고 한다. 나도 운동을 하면서 PT를 받고 멘토링의 중요성에 대해 깨달았다. 처음에는 유튜브나 서적으로 혼자서도 충분하다고 생각했다. 하지만, 머리로 이해하는 것과 실전에서의 실행은 달랐다. 근 성장을 이루지 못했던 근본적인 이유다. 헬스 운동은 실시간 피드백이 성장에 중요한 열쇠가 된다. 운동 멘토를 통해 얻은 세 가지의 교훈은 다음과 같다.

첫 번째로, 동일한 시간과 노력을 들이더라도 누군가로부터 코칭을 받으면 그 효과는 배가 된다는 사실이었다. 운동 트레이너로부터 기구 사용법을 배우고 올바른 자세를 익히는 데에도 수많은 시행착오를 겪었다. 근육의 특정 부위를 위한 실행 동작에서 실시간 피드백이 없으면 스스로 개선한다는 말은 어불성설이다. 제삼자의 관점으로 내 잘못된 자세를 인지할 수 없기 때문이다. 오랜 기간 열심히 운동해도 예상한 만큼 몸이 성장하지 않는 이유가 여기에 있다.

두 번째로, 운동 테크닉뿐만 아니라 영양 섭취와 근육 성장에 대한 기초적 정보를 얻을 수 있었다. 생각보다 더딘 근육 발달에 대한 이해가 높아졌다. 트레이너가 겪었던 실제 경험과 근육 성장에 대한 자료를 바탕으로 근육 성장이 우리 생각보다 얼마나 느린지 알 수 있었다. 필요한 정보를 얻고 근육 성장이 저조한 시기에 정신적 지원을 받을 수 있었다.

마지막으로, 자신의 한계를 넘지 못했다. 혼자 운동하다 보면 자기 근육의 한계치를 넘는 일이 드물다. '고통' 때문이다. 근육의 한계에 도전함으로써 근육에 미세한 손상이 발생하고 충분한 영양 공급과 적절한 휴식을 통해 근육이 회복된다. 반복된 손상과 회복의 과정에서 근육이 성장한다. 우리들은 보통 근육의 한계점을 넘어가려 하지 않기 때문에, 동일한 운동 시간을 투자해도 성과를 얻지 못했던 것이다.

성공 노트

- 인생에서 복잡한 문제들을 해결하는 가장 효과적인 방법은 멘토를 찾아 조언받는 일이다.

- 멘토를 찾는 방법에는 책을 읽는 것과 경험이 풍부한 사람을 적극적으로 찾아 나서는 일이다.

to think

억대 연봉을 원한다면?

◆ 현재 나의 문제를 해결해 줄 수 있는 책은 없을까?

◆ 내 주변에는 인생의 멘토가 되어 줄 사람은 없을까?

to do

억대 연봉을 갈구한다면?

◆ 서점과 도서관을 방문해서 인생의 멘토들을 찾아라.

◆ 책을 읽고 저자에게 이메일을 보내 자신의 문제를 직접 상담하라.

성공을 부르는 인사이트

책을 출판하기 위해 블로그에 글을 올리고 글을 모으면 언젠가는 책을 출판할 수 있을 거라고 믿었다. 하지만, 한 권의 책이 그 믿음을 무너뜨렸다. 이에 관해서는 3장의 '현택자'에서 자세히 이야기하겠다. 책을 출판하는 일은 막연히 글을 쓰는 것과 차원이 다르다는 현실을 알게 되었다. 생각나는 대로 글을 써서 책으로 엮는 것이 아니라 체계적인 구성과 치밀한 준비 과정에서 책이 출판된다는 사실을 배웠다.

타깃 독자를 정하고 관심사를 파악하여 어떻게 이야기를 풀어 나가야 할지 고민해야 했다. 내가 경험한 사건과 일화를 머릿속에서 모두 끄집어내어 30가지의 중요한 항목들로 추렸다. 이를 구조화해 소제목을 정하고, 책의 맥락에 맞게 순서를 배치했다. 책을 어떻게 효율적으로 써야 하는지 책을 통해 간접적으로 체험할 수 있었다. 무작정 책을 쓰려고 시도했다면 분명 중간에 포기했었을 것이다.

4. 원칙 4
– 돈과 성공은 행복과 별개이다

부자가 자살했다?

돈이 많으면 반드시 행복하다는 고정관념을 한 방에 깨뜨린 서글픈 뉴스의 주인공, 한국의 넥슨의 창업주인 김정주 회장의 이야기다. 그가 사망하고 6조 원가량의 상속세의 일부가 세무 당국에 납부되었다는 기사가 있다. 이 기사를 보면 우리 머릿속에 여러 가지 생각과 의문이 떠오른다. '성공과 부를 양손에 쥐었음에도 왜 극단적인 선택을 했을까?', '돈이 행복의 기준이 아니라는 말인가?', '돈이 지나치게 많아서 눈에 보이지 않아서인가?'라는 오히려 엉뚱한 생각마저 들게 한다.

빚이 있는 사람은 몇천만 원만 있다면 행복할 것으로 생각한다. 천만 원을 가진 사람은 수억 원을 가진 사람이 행복할 것으로 생각한다. 그 이상의 돈을 가진 사람은 본인이 가진 것보다 더 큰 재산을 가진 사람이 행복할 것이라고 믿는다. 반면, 행복을 다르게 정의하는 사람들도 존재한다. 동물을 보살피고 그들의 성장을 지켜보면서 행복을 느낀다는 사육사다. 김정주 회장처럼 수많은 자산을 가지고 있지는 않더라도 사랑하는 동물과 함께 할 수 있다면 행복하다고 말하는 사람들이다. 이는 행복을 단순한 부의 산물로만 측정할 수 없음을 보여 준다.

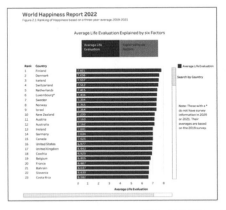

행복지수(왼쪽) vs GDP(오른쪽)

부가 행복을 결정짓는 핵심 요소라면 국가별 GDP 순서에 따라 미국, 중국, 일본이 순서대로 높은 행복지수를 나타내야 맞다. 하지만, 2022년 세계 행복 보고서에는 GDP 10위 안에 든 어떤 나라도 행복지수 톱 10위 권에 들지 못했다. 부의 양이 반드시 행복감과 정비례하지 않는다 근거 자료다. 한때 나도 일억 원만 내 통장에 있다면 행복할 것이라는 믿음으로 머릿속이 온통 '돈돈돈'으로 채워졌던 적도 있다.

가정을 해보자. 만일, 1억 원이라는 거액이 우리의 통장에 들어왔다면 반드시 행복할까? 내가 이렇게 물어보면 이렇게 답하는 이도 있다. "직접 내 손에 쥐어보아야 알 것 같다." 혹은 "내 통장에 1억 원이라는 금액이 찍힌 순간에야 알 수 있을 것 같다."라고 말이다. 과거 내 경험상 그이상의 금액이 찍혀도 돈의 양만큼 행복감이 정비례하지 않았다. 인간은 부의 양만큼 행복을 느끼고 이를 지속할 수 있는 동물이 아니다. 어떤 지점에서는 한계효용체감의 법칙이 따른다. 오히려 행복감이 감소한다고 느끼는 것이다.

돈과 행복은 정비례하지 않았다

따뜻한 봄 날씨다. 단독 주택가에 작은 꽃밭과 그 주위를 푸른 잔디가 둘러싸고 있다. 주차장에는 레저용 승합차와 일반 승용차가 있다. 주말 아침마다 여행을 떠날 준비에 바쁜 가족의 모습이 보인다. 요즘 인기 좋다는 고급 스시 레스토랑에도 예약했다. 이런 삶이 나의 '행복'이라고 정의했다. 하지만, 동일한 경험이 반복되고 언제나 가능한 현실이 되면, 이전의 기쁨과 행복감은 아이러니하게도 다시 느낄 수가 없었다. 최소한 나는 그랬다.

일본에서 주택을 구입하면 보통 은행에서 35년 장기 대출을 해준다. 주택 구입을 장려하기 위해 10년간 이자 비용을 지원해 주는 제도도 운용한다. 만일, 십 년 안에 융자금을 상환할 수 있다면 무이자로 집을 구입하는 것과 다름없다. '아, 그럴 수만 있다면 얼마나 행복할까?'라고 생각했다. 10년간 저축을 했고, 기적적으로 융자 비용을 은행에 모두 갚았다. 남은 기간 25년간 나는 행복해야 한다. 하지만, 융자 상환의 기쁨도 잠시, 상환한 지 몇 달도 되지 않아 행복감은 나와 거리가 멀었다.

노년을 위한 종잣돈을 마련하면 행복해질 거라고 믿었다. 투자를 위해 종잣돈을 모으고 돈을 불리면 정말 행복할 것으로 생각했다. 매년 연봉이 올랐고 보너스도 받았다. 모인 종잣돈으로 회사의 주식을 매입했다. 배당금도 받아 차곡차곡 모았다. 나는 행복해야 했다. 과거 꿈에서도 만져 볼 수 없던 거액을 만지고 있으니 말이다. 그런데 안타깝지만 나는 그렇지 못했다. '왜일까? 나의 끝없는 욕심이 문제인가?' 행복을 느끼지 못하는 상황이 너무 이상했다. 어느 날, 나는 깨달았다. 부의 양과 행복감은 절대 정비례하지 않는다는 사실을.

성공이 행복일까?

고졸 출신 20대의 시절, 나는 유학을 꿈꾸며 막노동 판에 뛰어들었다. 유학비 마련을 위해 막노동이 목돈을 마련할 수 있는 가장 빠른 지름길이었기 때문이다. 막노동 잡부로 일하면서 무거운 물건을 하루 종일 옮기며 매일 밤 몸이 으스러지는 느낌을 받았다. 하지만 일당 오만 오천 원이라는 거금은 아픈 몸과 마음을 마약처럼 무감각하게 만들었다. 한 여름날 땡볕에서 흙바람에 얼굴이 초췌해지는 때쯤 어머니와 전화 통화를 했다. 무모한 베팅 소식이었다.

아버지의 퇴직금을 내 유학비로 투자하겠다는 말을 들었다. 노후 자금을 자식 교육에 투자하는 일은 노년을 망칠 거라고 아버지의 친구가 말했다는 소식도 어머니를 통해 전해 들었다. 반드시 성공해야 한다는 어머니의 압력이었다. 꿈에 그리던 미국 유학이 현실이 된다고 생각하니 많은 상념이 떠올랐다. 그동안 나의 한심한 처지를 비웃는다고 여겨졌던 불특정한 사람들과, 더러운 옷차림으로 공장 식당에 들어서던 순간, 내 모습에 놀라 마치 모세의 기적을 연상시켰던 장면들이 주마등처럼 스쳐 지나갔다.

나는 기뻤다. 그런데 동시에 불안했다. 어학연수를 잘 마치고 학교에 입학할 수 있을지에 대한 고민이 시작되었기 때문이다. 어학연수를 무사히 마쳤고 대학에도 입학했다. 인생을 살면서 운전면허 시험에 합격한 이래 처음 성공이란 맛을 보았다. 한국에서 막노동판을 전전하던 고졸 '루저'의 삶이 미국에서 대학생의 삶으로 변모했다. 극적인 신분 상승이 아닐 수 없었다. 그런데, 대학에 입학하니 졸업은 할 수 있을지 걱정하기 시작했다. 미국에서 학교를 졸업해 한국으로 돌아왔다. MP3 플레이어를 생산하던 디지탈웨이(역사 속으로 사라짐)라는 유망한 중소기업에도 취업했다.

4년 전, 막노동자로 살아가던 삶이 화이트칼라로 변신하는 엄청난 순간이었다. 성공의 기쁨도 잠시, 행복하다는 감정보다는 복잡한 삶의 문제에 봉착해 오히려 괴로워하는 나의 모습을 발견할 수 있었다. 시간이 흘러 미국 글로벌 IT 회사에서 매니저로까지 승진했다. 돈과 성공을 모두 손에 넣은 것 같았다. 하지만, 인간관계에서 오는 심각한 스트레스로 인해 극단적인 생각까지 하게 되었다. 막노동자의 신분에서 미국 IT 기업의 관리자로 성공을 거둔 상황임에도, 내가 원하던 성공이 무엇일까, 생각하지 않을 수 없었다.

행복이란?

돈과 성공을 얻었지만 '왜 행복하지 못한 걸까? 진정한 부와 성공의 의미는 무엇인가?'라는 질문을 나는 끊임없이 던졌다. 늦게나마 성공해 미국 IT 기업에서 근무하며 잘살고 있다고 생각했는데도 말이다. 실패도 많았지만 수많은 성공의 다리들을 밟아 여기까지 왔건만 행복하지 못한 현실이 말도 안 된다고 생각했다. 오히려 불행하게 보이는 나의 모습에 허무하기까지 했다. 많은 생각과 고민 속에 나는 번뜩 깨달았다. 돈과 성공을 마지막 종착지라고 여기다 보니 불행한 자아를 발견할 수밖에 없다는 사실을 말이다. 실패와 성공의 과정에서 현재 자기 행복을 찾아야 했던 것이다.

▶ 막노동하면서도 꿈의 끈을 놓지 않고 철근을 나를 때 그 순간의 삶.
▶ 영어 단어들을 외우고 안 되는 발음을 천 번 이상을 발음하며 지새던 수많은 밤.
▶ 좋은 학점을 따기 위해 창피함을 무릅쓰고 교수 방을 수십 번 들락거리던 시간.

우리가 걷고 있는 바로 지금 이 시각들이 행복인 것이다. 돈이 없던 유년 시절, 우리 가족은 불행했어야 했다. 부모님은 생활비에 쪼들려 매달 여러 개의 신용카드로 생활비를 돌려막으며 나와 형제들을 키워야 했다. 어린 시절의 시련이 어른이 겪어야 할 고통과 비교할 수도 없을 거라고는 말할 수 있지만 집안이 가난하다는 사실은 어린아이도 알 수 있다. 이 시기는 부의 양으로만 비교하면 인생에서 가장 최악의 시기였다. 하지만, 나는 불행했다고 생각한 적이 없다.

따뜻하고 행복한 유년 시절이었다고 기억한다. 한겨울에는 연탄난로 위에 양동이를 올려놓고 물을 채워 온수를 만들었다. 아침에 누나가 온수로 머리를 감아버리는 바람에 설거지할 물이 없어 어머니가 호통을 치셨다. 하지만, 이는 내게 소중한 추억이다. 삶은 추운 겨울이었지만, 그 안에는 가족의 따뜻한 봄이 피어 있었기 때문이다.

- 행복을 부와 성공의 가치로만 두면 우리는 영원히 행복할 수 없다.
- 부와 성공의 양만큼 우리 행복은 정비례하지 않는다.
- 행복은 과거나 미래에 느낄 수 있는 감정이 아니다. 오직 현재의 순간에만 느낄 수 있는 감정이다.

to think

억대 연봉을 원한다면?

◆ 내게 돈과 성공이란 무엇이고 행복이란 또 어떤 것인가?

◆ 돈과 성공으로 행복이 정비례하지 않는다면 나는 앞으로 행복을 어떻
게 정의해야 하는가?

◆ 실패와 성공이 반복되는 과정에서 행복을 찾는다면 현재 나의 행복은
무엇인가?

◆ 우리의 다양한 경험들에서 기댓값을 어떻게 설정해 왔었는지 잠시 생
각해 보자.

성공을 부르는 인사이트

『돈의 속성』의 저자 김승호 회장은 돈을 많이 번다고 부자가 되는 것도 아니며, 부자가 된다고 행복해지는 것도 아니라고 언급했다. 부와 행복이 정비례하지 않는다는 내 생각과 일맥상통한다. 저자 모건 하우절의 『돈의 심리학』에서는 인도의 굽타라는 사람의 일화를 소개했다. 굽타는 40대 젊은 나이에 매켄지의 CEO가 되어 큰 부와 성공을 얻었음에도 10조 원의 더 큰 부자가 되려다 결국 범죄를 저질렀다. 부와 성공에 대한 끝없는 집착이 한순간 그를 나락으로 떨어뜨렸다.

'돈!돈!돈!' 하던 나의 30대 시절을 돌이켜보면 돈이 없어 돈을 생각했다기보다는 남과 나를 비교하며 남들처럼 갖지 못한 나 자신을 자책했다. TV 드라마에서 나오는 가공된 인물들과 나의 삶을 비교하면서 괴로워했다. 매일 땅이 꺼지라 깊게 내뿜던 한숨을 멈출 수 없었다.

"결과에서 기대한 값을 뺀 것이 행복이다."

결괏값에 대한 기대치를 낮추면 우리는 더 행복해질 수 있다는 하우절 모건의 조언이다.

2부

세상살이에
2가지 출구 전략

1부에서 많은 사람이 미래의 불확실성을 인정하고, 모든 것을 절대적으로 예측할 수 없다는 사실에 동의했으리라 믿는다. 또한, 우리 삶에서 일어나는 사건들은 우연과 우리의 선택 결과일 뿐, 그 이상의 의미를 부여할 필요가 없다는 사실에도 동의하리라 믿는다. 불안한 미래에 불필요한 감정과 시간을 낭비하는 대신, 과거 나의 사례들을 통해 성공과 실패를 간접적으로 체험하고, 앞으로 본인의 행복을 위해 어떤 선택을 해야 할지 생각해 보는 시간이 되었기를 바란다.

2부에서는 우리가 삶의 해결책을 찾기 위해 무엇에 중점을 두어야 하는지 초점을 맞춘다. 나와 성공한 사람들 간의 공통점을 찾아 유용한 정보라고 생각한 것들을 정리했다. 또한 과거 나의 경험과 에피소드를 바탕으로 이해하기 쉽게 전달하려고 노력했다. 이를 위해 멘탈적인 측면과 피지컬적인 측면으로 나누어 삶의 문제에 해결책을 찾도록 설명했다.

멘탈적인 측면에서는 우리가 '행복의 가치관'이라는 것에 대해 고민하는 시간을 갖도록 했다. 삶을 바라보는 태도에서 사고의 다양성을 이해하고, 특히 부정적인 사고를 어떻게 내 편으로 만들 수 있을지에 대한 방법론을 소개했다. 삶의 한계를 극복하며 현명하게 대처하는 방법에 대한 조언으로, 메타인지 능력과 정화된 사고력을 향상하는 방법에 대해 언급했다. 더불어, 사람들과의 의사소통에서 우리가 왜 어려움을 겪는지 문화적인 배경을 해설했다. 이를 극복하기 위한 해결책으로 소프트 스킬을 제시하고 구체적인 예시를 소개했다.

피지컬적인 측면에서는 운동과 비주얼 관리의 중요성에 대해 강조했다. 운동은 우리의 정신과 육체의 균형을 맞추는 핵심 요소로써, 과거 내가 건강 이상 문제로 의사의 권유에 따라 운동을 시작하게 되었던 경험과 그로 인해 나타난 변화를 소개했다. 초보자를 위해 운동 환경을 조성하기 위한 간단한 해법도 제시했다. 외모를 업그레이드해야 하는 필요성에 대해 공유하면서 구체적인 나의 방법과 사례를 들었다. 매일 실행해야 할 실천 리스트를 작성하여, 자기 동기 부여를 유도하도록 했다. 삶에서 자극제가 될 수 있는 요소들을 찾아 안내했다.

1장

멘탈 테크닉

1. 행복의 가치관을 탐색하라

  1부에서 언급한 것처럼 돈과 성공만을 최종 목표로 삼는다면, 행복감은 일시적일 수밖에 없다. 그렇다면, 행복을 지속시키기 위한 방법은 무엇일까? 행동하는 과정에서 가치를 지속해서 추구하는 방법이다. 풀어 말하면, 우리가 가치가 있다고 판단한 것을 실천으로 옮기면서 그 속에서 새로운 가치를 발견하는 과정을 의미한다. "구체적으로 어떻게요?"라고 누군가가 질문을 할 수 있다. "본인이 생각하는 가치란 게 무엇인지 생각해 보라."고 답을 하겠다. 가치라고 해서 크고 거창할 필요는 없다. 현재 나에게 중요한 것이 무엇인지, 삶의 보람 있는 일이 무엇인지를 알아내는 것이다.

  예를 들면,

▌"내가 작곡한 음악이 많은 사람들에게 감동을 주고, 그들의 기억 속에 오래 남을 노래를 작곡하며 살고 싶다."

▌"전용 피규어 박물관을 만들어 많은 사람이 방문하게 하고, 방문한 사람이 전시된 피규어에 감명을 받아 더 많은 대중이 피규어에 관심을 끌게 하고 싶다."

▌"재난 현장에서 생명을 최우선으로 여기는 소방관으로서 레전드가 되고 싶다."

"가치관을 정하고 나중에 마음이 바뀌면 어쩌죠?"라고 묻는 사람이 있을 것 같아 답을 한다. 가치관도 때와 조건에 따라 언제든 변화할 수 있다. 한 번 정한 것을 끝까지 고집할 필요는 없다. 이를 걱정하기보다 중요하다고 믿는 것에 가치를 정하라. 목표를 만들고 계획을 수립해라. 그런 후 우선순위를 정해 실천하라. 미달성된 항목은 실행한 순서와 방법을 복기해 보완 작업을 하라. 이렇게 하다 보면, 개인이 정한 가치를 꾸준히 실천하고 행동하는 과정에서 확신을 얻을 수 있다. 확신이 반복되면 우리는 행복을 유지할 수 있는 것이다.

지각한 인생, 가치관이 내린 판타스틱 한 선물

청년 시절, 내 가치관은 명확하지 않았다. 화이트칼라 직장에서 일하면서 평범한 여성을 만나 결혼하는 것이 가치관이라면 가치관이었다. 아마도 가정을 꾸리고 아이를 낳는 것이 인생에서 가장 큰 행복의 가치라고 생각했었는지 모른다. 화이트칼라로 취업했고 가정을 꾸려 아이를 낳았다. 하지만, 성취한 것들에도 불구하고 나의 삶은 만족스럽지 않았다. 오랜 기간 추구해 온 것들을 모두 실현했음에도 말이다. 행복하지 못하다는 감정의 괴리감에 삶은 허전했다. 인생에서 내게 중요한 것이 무엇인지 고민하지 않을 수 없었다. 오랜 생각과 고민 끝에 자신의 가치관을 정했다.

'삶에서 고통을 받는 젊은이들이 실질적인 해결책과 대안을 찾을 수 있도

록 돕고, 그들이 웃으며 인생을 살 수 있도록 조언하는 멘토가 되고 싶다.'

"삶을 고통스럽게만 생각하고 선택의 상황에서 너무 긴 시간을 방황하는 사람들이 있다. 그들에게 희망의 메시지를 전달할 수만 있다면, 내 삶은 가장 멋지고 가치가 있다." 가치관을 정하자, 뭔지 모를 행복감이 마음 깊은 곳으로 밀물처럼 들어왔다. 매일 책을 읽고 블로그에 글을 올렸다. 그렇게 내가 생각한 가치에 조금씩 다가가고 있다는 확신이 들었다. 2023년에는 책을 출판한 저자가 되는 일이 나의 목표가 되었다. 계획한 일을 실천하면서 차근차근 하루를 만들어 나갔다. 이 과정에서 행복이라는 감정을 발견했고 지속할 수 있었다. 행복을 발견하는 과정에서 질문한 사항과 답변은 다음과 같다.

질문	답변	비고
무슨 책을 출판할 것인가?	소프트 스킬을 향상하기 위한 책을 쓰고 싶다.	
소프트 스킬에 대한 책을 집필하기 위해 충분한 경험과 일화가 있는가?	충분하지 않다.	다양한 경험이 필요하다.
소프트 스킬에 관한 책을 집필하기 전에 발판이 될 만한 다른 책을 출판할 수는 없을까?	과거 청년 시절의 일화를 통해 현재 청장년층들이 겪는 삶의 고통과 시름을 덜어 주는 일화로 책을 쓸 수 있을 것 같다.	당장 집필할 수 있는 책을 출판하는 것으로 계획을 변경.

청장년층을 위해 어떻게 이야기를 풀어 나갈까?	삶에서 겪었던 경험과 일화를 통해 청장년층들에 도움이 될 만한 이야기를 들려준다.	브레인스토밍을 통해 주제가 될 만한 내용을 머릿속에서 모두 끌어낸다.
책을 집필하는 방법을 아는가?	모른다.	시간 투자 대비 효과적인 성과물을 만들기 위한 접근 방법을 찾자! 책 출판을 위한 책을 읽자.
책의 구성을 어떻게 할 것인가?	책을 크게 3장으로 나눈다. 1장 – 과거의 경험을 바탕으로 청장년층들이 마주할 수 있는 어려움에 대한 공감을 유도. 2장 – 실용적인 해결책으로 조언. 3장–실행을 위한 구체적인 방법론을 제시.	주제와 소제목을 정하자.
책 구성을 쉽고 명료하게 확인하기 위한 방법은 없는가?	'알마인드'라는 무료 소프트 프로그램을 사용하면 소제목들만을 신속하게 만들어 볼 수 있다. 쉽게 추가, 삭제도 가능하다.	『팔리는 책 망하는 책』을 읽고 사전 준비를 하자.
책 구성을 위해 소재들이 얼마나 필요한가?	각 장당 10꼭지 정도로 흥미로운 내용으로 다양한 이야깃거리를 찾는다.	200페이지 이상의 책으로 구성하기 위해 30~40꼭지 정도는 필요하다.
초안 작성은 언제까지 완료할 예정인가?	매일 1꼭지씩 작성하도록 함. 아침 출근 전 1시간과 퇴근 후 1시간 정도의 시간을 투자한다.	3개월간 초안 작성(한 꼭지는 바탕 글씨 11사이즈로 A4용지 2장을 목표)

- 행복을 향한 첫걸음은 진정으로 가치 있는 일이 무엇인지 고민하는 시간이다.
- 가치관은 거창한 것이 아니다. 현재 자신이 소중하다고 믿는 것을 찾는 일이다.
- 가치관과 소신은 시간과 상황에 따라 언제나 변할 수 있다.

to think

억대 연봉을 원한다면?

- ◆ 행복의 가치관은 무엇인가?
- ◆ 가치관 실현을 위해 무엇을 시작하면 좋을까?

to do

억대 연봉을 갈구한다면?

- ◆ 가치관을 정하고 종이에 적어 보자.
- ◆ 가치관 실현을 위한 큰 목표를 먼저 세우고, 이를 위한 실천 항목들을 만들자.
- ◆ 실천 항목들에 우선순위를 정하자.
- ◆ 바로 실행하자.

성공을 부르는 인사이트

'가치란 것이 당장 모르겠어!'라고 실망하고 절망할 것은 없다. 현재의 삶에서 중요한 것이 무엇이고 어떻게 살고 싶은지 계속 생각해 보면 된다. 대신 삶을 아무런 방향으로 흘러가게 놔두지 말라. 자신에게 끊임없이 질문을 던져라. '내가 사랑하는 것은 무엇인가? 내가 소중히 여기는 사람들은 누구인가?'

눈을 감고 희망하는 나의 모습을 잠시 상상해 보자.

사랑하는 사람들과 웃음 지을 수 있는 단 하나의 일이 무엇인지 생각하라. 작더라도 상관없다. 이를 바로 실천하라. 실행에 옮기지 않는 것은 봄철 논을 갈고, 씨 뿌리기와 씨앗 덮기는 하지 않으면서 수확할 곡식만 생각하는 어리석은 행동과 진배없다. 척박한 땅을 고르는 과정에서 가치를 발견하는 일이 행복의 출발점이 된다는 것을 잊지 말자.

"네 시작은 미약하였으나 네 나중은 심히 창대하리라." — 욥기 8장 7절

2. 생각의 양면성을 이용해라

　현실적인 상황과 제한된 조건 때문에 많은 사람들이 삶에서 고민하고 고통받는다. 실력이 부족하거나 경제적인 어려움으로 하고 싶은 일을 못하는 경우도 있지만, 그 반대의 경우도 동일하게 적용된다. 고통을 호소하는 사람들이 흔히 말하는 예는 다음과 같다.

▶ "당장 돈이 없고, 서포트해 줄 사람도 없어요."
▶ "죽어도 하기 싫죠. 하지만, 생활비 때문에 어쩔 수 없어요."
▶ "매일 회사에 출근하는 일 자체가 지옥이에요."

　어려운 형편 때문에 미리부터 자포자기한 사람들이다. 이들은 원치 않는 직장에서 일을 하며 하루를 고통스럽게 보내고 있다. 우리가 어떤 상황에 놓여 있든 좋아하는 일을 하기 위해서는 생각의 양면성에 대해 생각해야 한다. 내 편이 아닌 놈을 내 사람으로 만들라는 얘기다. 누군가 "이게 무슨 말이냐?"라고 묻는다. 잠시만 들어 보라.

　한 주제에 대해 서로 다른 두 가지 또는 그 이상의 관점을 생각의 양면성이라고 한다. 어떤 일이든 관점에 따라 좋고 나쁨이 있다. 하지만, 머릿속에 떠오르는 부정적인 놈을 우리의 편으로 만들 수 있어야 한다. 즉, 현재 할 수 있는 일을 하면서 언젠가 희망하는 일로 전환할 수 있다는 믿음을 가지라는 말이다. '지금 당장 할 수 없다. 정말 미치겠다.'가 아니라 '앞으로 회계사가 되기 위해 현재 이 일을 하고 있다. 그래서, 나는 괜찮다.'라는 생각의 전환이다. 현재의 상황 때문에 불필요한 감정과 시간을 소비하지 말라. 현재의 일은 투자라고 생각하라.

"지금 하는 일이 죽기보다 싫다니까요." 말하면서 꼭 토를 다는 사람이 있다. 그런 감정과 기분을 나도 잘 안다. 현재 하는 일이 고통스럽고 정말 싫을 수 있다. 나는 이렇게 물을 수밖에 없다. "심정은 잘 알겠는데, 그럼 대안은 뭐죠?" 상대방은 머쓱하게 답한다. "그러니까요…." 현실을 부정한다고 해서 문제가 해결되지 않는다. 당신도 알지 않는가? 하지만, 우리는 이 뻔하기 뻔한 사실에 불만이 끝이 없다. 지금껏 나는 자신이 좋아하는 일을 처음부터 할 수 있었다고 말하는 사람을 한 번도 만나보지 못했다. 수많은 유명한 사람도 예외는 아니다. 할리우드 영화배우의 상징인 톰 크루즈도 마찬가지다.

톰은 영화 〈영원한 사랑 – Endless Love〉에서 배우로 처음 데뷔했다. 이 영화에서 보면 그가 연기하는 장면은 채 1분도 나오지 않는다. 작은 배역을 따내기까지 그는 뉴욕으로까지 와서 식당 종업원으로 일을 했다. 생활비 마련을 위해서 말이다. 과연 식당에서 음식 나르는 일이 좋아서

했겠는가? 식당에서 돈을 버는 일보다 좋은 배우가 되기 위해 연기 공부하는 시간을 더 원했을 것이다. 좋아하는 일을 할 수 없다고 포기할 필요는 없다는 말이다. 준비하면서 기다리면 기회는 오기 마련이다. 다만 몇달 해 보고 불가능한 일이라고 오판하지는 말라. 몇 년이고 꾸준하게 하라. 최소 자신의 잠재성을 판단할 수 있는 유의미한 기간이기 때문이다.

웹사이트 작성에서 이벤트 기획까지

헬스장에서 알게 된 오십 대 중반의 후쿠다 씨가 있다. 수년간 같은 트레이너에게 PT를 받고 서로를 지켜보았기에 잘 안다. 친절하고 웃음이 많으신 분이다. 종종 세상살이와 뉴스에 대한 이야기를 주고받는다. 어느 날 후쿠다 씨가 뜬금없는 이야기를 꺼냈다. 내가 미국 IT 기업에서 근무하고 있다는 사실을 알고 그랬는지는 모르겠지만, 자사 홈페이지를 새롭게 리뉴얼하고 싶다는 얘기였다.

나: "네? 웹사이트는 만들어 본 경험이 없어서…."

후쿠다 씨: "특별한 건 없어. 기존에 있는 사진과 분위기만 살짝 바꿔주면 돼."

나: "우선 공부를 좀 해야 할 것 같아요. 시간을 조금 주세요."

용기가 없었다. 시간을 달라고는 했지만, 사실 바쁘다는 핑계로 빠져나갈 궁리를 했다. 하지만, 결국 작업을 하기로 했다. 후쿠다 씨를 돕고 싶었기 때문이다. 홈페이지 작업이 진행되자, 분위기만 바꾸면 되겠다던 말은 온데간데없고, 요구사항과 작업량이 많아졌다. 생각한 것보다 힘들었다. 수정이 끝나면 마음에 안 든다는 묵언의 메시지와 새로운 요구사항이 마구 쏟아졌다. 이미 확인받고 수정했던 부분에서도 변경 요청이 있었다. '아니, 잘 확인하고 한꺼번에 수정해 달라고 해야지. 도대체 이번이 몇 번째 수정이야?' 투덜댔다. 점점 작업 자체가 싫어졌다. 잘할 수 있는 일이긴 했지만 좋아하는 일은 아니었기 때문이다. 하지만, 홈페이지 작업을 하면서 배운 점도 의외로 많았다.

홈페이지의 트렌드가 바뀌었다는 점이다. 만드는 방법이 쉽고 직관적이어서 누구라도 프로그래밍 지식 없이도 쉽게 구축할 수 있다는 사실에 놀랐다. 나는 '워드프레스(Wordpress)'라고 부르는 툴을 사용했다. 무료 오픈 데이터베이스, '마이에스큐엘(MYSQL)'과 쉽게 연동할 수 있었다. 솔직히 플랫폼 자체가 완전히 무료라는 사실에 놀랐다. 수많은 무료 플러그인이 제공된다는 것도 좋았다. 필요한 기능을 쉽게 홈페이지에 추가할 수 있어 편리했다. 제작 중에 '엘레멘토(Elementor)'라는 유료 툴을 함께 사용했는데, 디자이너의 도움 없이도 자유롭게 디자인할 수 있었다. 이 링크(http://j-supply.co.jp/)는 내가 구축한 후쿠다 씨 회사의 공식 웹사이트다. 흥미가 있고 배우고 싶으면 연락하기를 바란다. 필요한 정보를 공유하겠다.

작업을 마치고 기대하지 않던 수고비 130만 원을 받았다. 엘레멘토 툴을 구입한 비용만큼만 지불해 줘도 고맙겠다고 생각했었는데 기대보다 많은 수고비에 오히려 미안했다. 홈페이지 작업이 끝나자, 새로운 의뢰가 들어왔다. 자사 광고를 위해 유튜브 동영상을 만들고 싶다는 것이다. 유튜브를 공부해야 했다. 유튜브 영상 업로드와 관련된 영상들을 찾아 연구했다. 영상에서 배운 내용들 덕분에 별도의 카메라를 구입하지 않았다. 휴대전화로 촬영했다. 동영상 편집은 '인쇼트(inshot)'라는 무료 앱을 사용했다. 영상 촬영을 마치던 어느 날, 후쿠다 씨가 불쑥 말을 꺼냈다.

후쿠다 씨: "10분짜리 영상을 만드는 데도, 내가 이렇게 진이 다 빠지는데, 이보다 긴 영상을 만드는 사람들은 얼마나 힘들까 몰라?"

나: "콘텐츠를 기획하고 편집하는 일이 가장 어려운 일 같아요. 그렇죠?"

말이 끝나자마자 무섭게 새로운 미션이 후쿠다 씨의 입에서 떨어졌다. 이 '아자씨'가 욕구가 끝이 없다. 이번엔 도쿄 아웃도어 쇼(Tokyo Outdoor Show 2023)에 참가하고 싶단다. 이벤트 기획을 도와 달라는 얘기였다. 요구 사항이 점점 커진다는 느낌이었다. 이벤트 부스, 정방형 사각형 가로 x 세로(3미터 x 3미터) 공간에 무엇인가를 채워야 한다는 것이 도전 과제였다. 홈페이지를 만들고 유튜브 동영상을 만드는 작업과는 차원이 달랐다. 하지만, 새로운 세상을 구경할 수 있다는 믿음으로 후쿠다 씨의 미션을 받아들였다. 내가 모르던 세상을 볼 수 있는 또 다른 기회였기 때문이다. 이를 통해 이벤트라는 분야의 신선함과 잠재성을 발견했다. 부스를 어떻게 기획하고 디자인했는지에 대해서는 3부에서 자세히 설명하겠다.

- 희망하는 일을 당장 할 수 없다고 괴로워하거나, 모든 것을 포기할 필요는 없다.
- 현재 일이 앞으로 하고자 하는 일의 발판이라는 생각의 전환이 필요하다.
- 지금 하는 일을 꾸준하게 하다 보면, 나의 새로운 잠재성을 발견하기도 한다.

to think

억대 연봉을 원한다면?

◆ 현시점에서 내게 생각의 전환이란 무엇인가?

◆ 싫어하지 않고 할 수 있는 일은 무엇인가?

◆ 할 수 없다면 구체적인 이유가 무엇인가?

◆ 할 수 없다는 이유가 스스로에게 정당하다고 믿는가?

성공을 부르는 인사이트

웹사이트 개발이나 유튜브 동영상을 제작하는 일은 결코 내가 좋아하는 일이 아니다. 작은 호기심으로 시작한 일이 이벤트 부스를 기획하는 일로까지 이어졌을 뿐이다. 나와 다른 세상의 일일 것만 같았던 것을 접해본 나는 달콤하면서도 매운맛을 봤다. 알지 못했던 새로운 세상을 발견할 수 있었던 달콤함이라는 맛과 낯선 세상에서 어려움을 극복해야만 했던 매운맛이다. 새로운 세상을 탐험하는 과정에서 색다른 자신의 잠재성을 발견하는 기회였다. '내가 이벤트 기획을 다 할 줄 아네?'

이 책을 아직 읽고 있는 사람이라면, 삶의 변화를 위해 부단히 노력하는 사람이 분명하다. 직면한 문제와 그 돌파구를 찾기 위해 자기 계발에 많은 시간을 투자하는 사람일 확률이 높다. 자신을 믿어라! 당신은 목표를 향해 한발 더 나아갈 수 있는 용기 있는 사람이다.

3. 한계는 변화의 출발점이다

삶에서 실패는 불가피하게 경험해야 하는 일이다. 의도치 않게 일어난 일로부터 우리는 무엇인가를 배우며 성장한다. 실패는 우리의 한계를 깨닫게 해 준다. 이 한계를 통해서만 극복의 방법을 찾는 게 우리들이다. 한계를 인정할 때야말로 우리는 진정한 돌파구를 찾고 상황을 극복할 수 있는 것이다. 한계를 극복하는 과정에서 발견하는 가치는, 마치 인생의 여정에서 새로운 통찰을 얻는 것과 같다. 어려움을 극복한 사람만의 보상이기 때문이다.

〈백종원의 골목식당〉에서 일본 '돈코쓰 라면'으로 유명세를 치른 사람을 기억하는가? 백종원의 극찬으로 유명해졌다. 매장을 4개로까지 늘려 운영할 정도로 대단히 성공했던 사람이다. 하지만, 돼지고기 구제역, 일본 불매운동과 코로나라는 세 가지 큰 여파로 인해 그는 가진 모든 재산을 잃었다. 뇌경색이라는 병까지 얻어 극단적인 생각을 했다. 인생의 오르막길에서 불어닥친 갑작스러운 역경의 파도에서 그는 절망했다. 아무런 희망이 보이지 않았다. 포기하고 싶었을 것이다. 하지만, 그는 다시 매장을 열었고, 오늘도 평상시처럼 손님을 맞이한다. 모든 재산과 건강을 잃었지만, 그는 포기하지 않았다. 다시 일어섰다.

서당 개 3년이면 풍월을 읊는다

나는 과거의 회사에서 충분한 인정을 받지 못한다고 느꼈다. 나를 인정해 주는 회사로 하루라도 빨리 옮겨야 한다고 생각했다. 혼자 착각에 빠져 방황하던 시기다. 친형의 도움으로 영업직으로 이직할 수 있었다. 형의 지인들이 설립한 소규모 무역 회사는 나를 포함해 총 3명의 직원이 있었다. 난생처음 영업 직무에 종사하면서, 내가 할 수 있는 일이라곤 전화를 걸어 고객에게 상품을 소개하는 일밖에 없었다.

구매 담당자를 찾아 시간을 내 달라고 부탁하는 일이 주된 업무였다. 전화로 상품을 소개하고 회의 일정을 잡는 일은 영업의 기초를 다지는 일이라는 선배의 가르침에 열심히 전화를 걸고 또 걸었다. 하지만, 매일 주어진 전화번호에 전화를 걸어 어떻게든 회의 일정을 잡아야 한다는 부담과 고통보다는 매번 익명의 사람에게 아첨하고 아쉬운 소리를 해야 하는 상황이 더욱 힘들고 괴로웠다. 전화 중에는 다짜고짜 화부터 벌컥 내는 사람도 많았다. 지난밤 아내와 다툼을 한 것인지, 동료와 언쟁이 붙었는지, 상사에게 꾸중을 들었는지 매번 그들의 '감정의 쓰레기통'이 되는 듯했다.

상대방: "아, 지금 통화 어렵다니까요."

나: "네, 죄송합니다. 이 상품은 귀사의…."

상대방: "알겠는데…아… 몇 번 말해. 지금 바쁘다니까."

나: "현재 사용 중인 ○○제품은…."

상대방: "정말 말귀를 못 알아먹네. 이 양반아, 지금 나랑 장난해?"

나: "아…, 알겠습니다. 죄송합니다. 나중에 다시 전화드리겠습니다."

신입 영업사원의 열정이 상대방의 화를 더욱 키웠다. 수화기를 내려놓고 긴 한숨을 쉬었다. 친구와의 저녁 술자리에서는 실패담을 안줏거리로 삼아 웃음을 터뜨렸다. 그렇게 수개월이 지났다. 문득 이런 생각이 들었다. '내가 지금 뭐 하는 짓인가?' 마음이 혼란스러웠다. 회의를 잡았던 날이 그렇지 못한 날보다 많았다. 재능이 없다고 생각했다.

'서당 개 3년이면 풍월을 읊는다.'는 속담처럼 경험치가 올라갔다. 거절과 핀잔이 많았지만, 감정이 점차 무뎌졌다. 감정을 숨기고 상대방과 대화해야, 하는 일이 덜 어렵다는 것을 깨달았다. 어떤 어조와 멘트가 회의 잡는 성공률이 높은지 알게 되었다. 상대방의 이름을 전부 메모하면서 구매 담당자를 찾을 때까지는 전화 받았던 사람들의 이름을 이용했다. 이전 전화 받던 사람의 이름을 언급하면서 상품을 소개했다. '신뢰 가중의 법칙'이라고나 할까? 그들의 이름이 언급되면 대화는 생각보다 쉽게 풀려갔다.

회사는 많은 시간과 자원을 투자했지만 결국 성과가 없었다. 나는 회사를 떠나야 했다. 새로운 분야에서 내 능력을 인정받으리라는 어설픈 용기는 실패라는 성적표를 남기고 말았다. 하지만, 낯선 분야에서 한계를 극복하며 세 가지의 교훈을 얻을 수 있었다.

첫째로, 부족한 준비성.

영업 사원의 구체적인 역할이 무엇인지, 역할을 수행하기 위해 필요한 사전 공부를 성실히 해야 했다. 부족한 부분을 보완하기 위해 관련 서적을 읽고 연구하며 적극적으로 시도해야 했다.

둘째로, 한계 극복과 자아 발견.

실패를 통해 고민하고 새로운 방법을 찾아내려는 나의 새로운 모습을 발견했다. 실패에도 불구하고 개선해 나가면서 변화를 도모했다. 재능도 노력으로 어느 정도 극복할 수 있다는 확신을 얻었다.

셋째로, 의사소통과 감정관리.

새로운 분야의 사람들과 소통하면서 분야별 소통 방식과 감정 조절 방법에 대해 배웠다. 다양한 사람들과도 원활한 의사소통이 가능해지면서, 예전보다 사람의 감정에 공감할 수 있는 능력이 높아졌다.

앤절라 더크워스는 그녀의 책 『그릿』에서 어떤 사람들이 어려운 역경을 이겨내고 마지막까지 살아남는지를 알아보았다. 웨스트포인트라는 학교를 졸업한 학생들의 자료를 모두 전수 조사했다. 이 학교의 입학 전형은 매우 엄격하다. SAT 또는 ACT 점수와 고등학교에서 우수한 성적은 필수다. 체력 평가에서도 최고점을 받아야 한다. 매년 지원자들 중 약 11% 정도의 학생들만 입학이 가능하다. 하지만, 입학 후, 7주간의 훈련 중에 다수의 신입생이 포기한다. 조사 결과 그들의 두뇌나 재능, 종합 전형 점수는 아무런 관련이 없었다.

하지만, 신입생의 투지, 끈기, 그리고 열정(이 책에서는 '그릿 – Grit' 이라고 표현)의 수치가 높았던 학생만이 전 과정을 통과했다는 것을 발견했다. '그릿'이라는 수치를 비교하기 위해 사전 설문지에 적힌 질문의 예는 다음과 같다.

▶ "나는 좌절을 딛고 일어나 중요한 도전에 성공한 적이 있다."
▶ "나는 뭐든 시작한 일은 반드시 끝낸다."

▶ "나는 실패해도 실망하지 않는다. 나는 쉽게 포기하지 않는다."

앤절라는 그녀의 연구 결과가 다양한 분야에도 적용될 수 있다고 강조했다. 학습에 어려움을 겪었던 학생들이 인내심을 갖고 끝까지 도전하면 학업 성취도가 높아졌다는 사례들이다. 또한 사업가들로 확장해 이들이 어려움에 직면했을 때 끊임없이 시도하고 실패하면서 성공한 사례들도 있다. 우리가 흔히 생각하기 쉬운 성공을 위한 주된 요소가 두뇌와 재능이 아니라는 말이다. 도전의 상황에서 끊임없는 열정과 투지로 노력하는 태도다.

- 실패와 한계를 인정할 때, 우리는 인생에서 돌파구를 발견한다.
- 한계에서 문제점을 파악하고 접근 방식을 변화시킨다.
- 끊임없이 도전하는 가운데 우리는 숨겨진 자기 잠재력을 발견할 수 있다.

억대 연봉을 원한다면?

◆ 내가 한계에서 찾은 의미는 무엇인가?

◆ 지금의 이 실패가 앞으로 나에게 어떤 의미를 줄까?

◆ 실패와 한계를 극복하기 위한 대안은 무엇일까?

억대 연봉을 갈구한다면?

◆ 실패한 원인을 분석하고 개선한 내용으로 다시 시도하자.

◆ 한계에서 배운 교훈을 구체적으로 정리하고 시각화하자.

성공을 부르는 인사이트

한 시간짜리 회의하기 위해 장거리 출장을 자주 갔다. 서울에서 구미나 부산까지 이동해서 회의하는 경우였다. 시간이 아깝다는 생각에 선배에게 넋두리를 늘어놓았다. "영업의 꽃이 이동한 거리와 누군가를 기다렸던 시간이다."라고 하면서 상황을 미화했다. 선배의 말에 토 달기가 어려웠다. 하지만, 지금 생각해 보면 효과적인 방법이라고 볼 수 없다. 물론, 수많은 투자를 통해 성과를 얻는다는 진리는 부인하지 않는다. 다만, 한정된 시간과 노력에도 결과가 없었다면, 접근 방식에 문제점은 없는지를 점검해야 했다. 열심히만 한다고 되는 것도 아니요, '뭐든 걸려라.'라는 그물망 접근 방식도 유효한 방법이 아니기 때문이다.

영업 활동을 하면서 말단 직원에서부터 대표급 임원까지 다양한 사람들과 접촉할 수 있었다. 나는 알았다. 우리는 모두 동일한 인간이다. 목적 달성을 위해 실천하는 과정에서 누구나 한계에 부딪힌다. 많은 사람들이 성인군자처럼 행동하고 티를 내지 않는다. 하지만, 불안한 마음을 갖는 것은 모든 사람이 마찬가지다. 더 이상 나는 회사 대표나 임원을 만나도 두렵지 않다. 우리와 다른 세상에 사는 사람이 아니라, 함께 살아가는 구성원 중 한 사람에 불과하기 때문이다.

4. 메타인지 능력을 높여라

메타인지란 아는 것과 모르는 것을 구별할 수 있는 능력이다. 위키피디아에 메타 인지력에 대한 설명이 나와 있다. 자기 생각과 인지과정을 관찰하고, 무엇을 알고 무엇을 모르는지 이해하는 능력이라고 나온다. 메타인지가 높아지면 내가 무엇을 이해하지 못하는지와 어떻게 학습하면 되는지를 알게 된다. 우리 삶에서 부족한 것이 무엇이고 어떻게 채워야 할지 알고 싶다면, 메타인지를 높여야 한다. "메타 인지력을 높여라!" 이렇게 내가 말하면 누군가는 "어떻게요?"라고 반드시 묻는다. "본인이 모르는 것을 알아차리는 능력을 키워라!"라고 답을 한다. 그러면, 누군가가 또다시 "아, 그러니까 구체적으로 어떻게요?"라고 다시 질문한다. "내 스스로가 '안다'와 '모른다'를 명확하게 구분할 수 있도록 하라."라고 답을 하겠다. 두 가지의 예시를 통해 내가 무엇을 알고 모르는지를 생각해 보자.

첫째, 아이작 뉴턴이 떨어지는 사과를 보고 만유인력의 법칙, 즉 중력을 발견했다는 것을 학교에서 배웠다. 중력은 물체의 질량으로 인해 우주의 시간과 공간이 왜곡되고 왜곡된 곡면에 올려진 물체가 떨어지는 현상을 말한다. 쉽게 설명하자면, 큰 질량의 태양이라는 공이 우주라는 공간의 위에 올려지게 되면 움푹 파인 공간을 만들고, 그 파인 곡면을 따라 또 다른 공들, 즉 지구와 화성과 같은 행성들이 타원을 그리며 태양을 중심으로 끌려 들어가는 것을 말한다. 그렇다면, 지구는 왜 태양에 점차 가까워지지 않는 것인가? 이는 원심력과 중력의 힘이 균형을 이룬 결과다. 한쪽으로 물건이 이동하려는 원심력이라는 힘과 그 물건을 끌어당기려는 중력의 힘이 균형을 이루게 되면서 지구와 태양이 일정한 거리를 유지하게 된다. 우리는 이를 일반적으로 지구가 태양 주위를 공전한다고 한다.

그럼, 중력이라는 힘이 발생하는 원인은 뭘까? 중력의 원인은 무엇일까? 중력이 발생하는 이유를 설명할 수 없다면 우리는 중력을 완벽하게 이해한다고 말하기 어렵다. 다시 말하면, 우리가 중력을 이해했다고 착각하는 것일 뿐 실제로는 발생하는 원인을 모른다. 아쉽게도 중력의 정확한 원인은 아직도 알려지지 않았다. 다만, 중력은 물체의 질량, 거리 및 밀도에 따라 작용한다는 것만 알려져 있다. 뉴턴과 아인슈타인도 중력의 원인을 밝혀내지 못했지만, 물리학은 '왜'보다는 '어떻게'에 더 집중하며 중력이 어떻게 작용하는지를 연구하는 학문이다.

둘째, 일차 방정식을 푸는 방법을 생각해 보자. X + 1 = 9의 일차방정식에서 X라는 값이 8이 되는 원인을 어떻게 아는가? 이는 등식의 양쪽에 동일한 값을 대입해도 등식에는 변화가 생기지 않는다는 원리에서 답을 찾을 수 있다. 답이 나오는 이유를 설명할 수 있다면 일차방정식을 이해하고 풀 수 있다는 의미다.

$$X + 1 - 1 = 9 - 1$$

중력과 일차방정식이라는 두 가지의 예처럼 우리가 아는 것과 모르는 것을 정확하게 판단하는 능력을 메타인지 능력이라 한다. 메타인지 능력을 향상하면, 학습을 통해 부족한 부분을 채워 나갈 수 있다. 그렇게 되면 삶이 달라질까? 당연하다. 복잡한 삶의 문제에서 원인을 알게 되면, 해결 방법을 찾을 수 있기 때문이다. 삶에서 주어지는 다양한 문제에 해결 방법을 알게 된다니 이 얼마나 멋지지 않은가? 서두의 질문으로 돌아가자. 그러면 우리가 대체 메타 인지력을 구체적으로 어떻게 높일 수 있는가?

책 읽기다. 책을 읽고 새로운 지식을 습득해 그 지식을 바탕으로 새로운 지혜를 얻을 수 있다. 지혜가 생기면 삶에서 다양한 선택지를 만들 수 있다. 이는 나에게 현명한 선택지가 무엇인지 알게 도와준다. 일차 방정식의 원리를 이해해 일차 방정식의 문제를 해결할 수 있듯, 삶에서 부딪친 문제들에 대해 원리를 알면 해결책을 찾을 수 있다. 이는 원하는 삶의 방향으로 우리를 리드할 수 있게 도와준다.

메타인지 능력의 향상과 자기성찰

책 읽기는 내게 가장 지루하고 삶의 힘든 과제였다. 흰색 바탕 위에 까만 글씨는 감기약에 첨가한 항히스타민제처럼 항상 강력한 졸음을 유발했다. 읽어도 무슨 말인지 이해가 안 되고, 기억에도 남지도 않았다. 책이 대체 어떤 도움을 주는지조차도 알 수 없었다. 주변 사람들과 매스컴에서는 책 읽기의 중요성에 대해 끊임없이 언급했지만, 내게는 아무런 감흥도 없었다. 그런데, 책을 진심으로 읽게 된 계기가 생겼다. 회사에서 관리직을 맡고 인간관계에서 상당한 어려움을 겪으면서 매일 감정의 롤러코스터를 탔었기 때문이다.

처음 관리자가 되었을 때는 많은 실수를 저질렀다. 특히, 팀원들이 회사 제품의 이해도를 높여야 업무의 효율도 올라가고, 이것이 회사의 매출에도 긍정적으로 영향을 미친다고 생각했다. 365일 훈련할 수 있는 테스트 환경을 만들고, 연습을 강요했다. 매뉴얼도 만들어 정기적으로 개별 교육도 했다. 팀원의 부족한 부분을 미리 파악하면서 자료도 정성스럽게 만들어 제공하고 확인하는 작업도 마다하지 않았다. 개인의 역량이 높아지니 회사도 좋고 우리 모두 행복하게 될 것이라고 믿었다. 하지만, 팀원 그 누구도 행복하지 않았다. 팀원들이 행복하지 않다는 사실을 매년 관리자 평가에서 알게 되었다. 내가 받은 점수가 항상 관리자들의 평균 점수보다 낮았기 때문이었다.

이상하다고 생각했다. '난 오로지 회사와 직원들을 위해 노력한 것뿐이야. 도대체 뭐가 문제야?'라고 자문을 할 수밖에 없었다. 매년 관리자 평가에서 연속으로 저조한 점수를 받자, 급기야 회사를 때려치우고 싶었다. 관리자의 능력을 낮게 평가하는 팀원들의 얼굴을 보면서 아무 일 없었다는 듯이 업무를 보려니 스트레스가 쌓였다. 감정의 기복이 빈번했고 삶의 의욕도 없어 조만간 퇴사해야 할 것 같았다.

마지막으로 지푸라기라도 잡고 싶다는 심정으로 데일 카네기 12주 교육에 참가하기로 마음먹었다. 이유는 단순했다. 사람의 마음을 알고 싶었다. 회사를 떠나 다른 곳으로 이직하더라도 이 교육이 도움이 될지도 모른다는 막연한 기대를 품었다. 교육 12주 동안, 매주 토요일 오전 9시부터 12시까지 총 36시간을 교육받았다. 교육 기간 동안은 관련된 책도 읽어야 했다. 이것이 내가 진심으로 책을 읽어야 한다고 생각했던 가장 큰 계기다. 교육이 후반을 달리고 있을 때쯤, 나는 마음으로 울며 독백했다.

'지금까지 옳다고 생각하고 실천했던 너의 행동들이 왜 정반대의 결과를 낳게 했는지 이제는 그 이유를 조금 이해하겠니?'

책을 읽고 깨달음을 얻으면서 자신의 오점을 발견했다. 요약하면 다음과 같다.

▶ 우회적으로 지적했어야 했다.

직접적으로 문제를 지적하면 상대방은 창피함을 느끼거나 곤경에 빠지게 된다. 이는 상대방에게 도움이 되지 않으며, 상대방을 오히려 어려운 상황으로 몰아넣는 어리석은 행동이다. 하지만, 나는 이를 의식하지 않고 항상 돌직구를 날렸다. 상대방의 약점을 직접적으로 파고들었다. 바보 같은 짓이었다. 개선을 바랐던 내 의도가 오염되는 꼴이었으니 말이다. 우회적으로 이야기했어야 했다. 또한, 충분한 배경 설명을 위한 시간을 할애했어야 했다. 우리가 상대방의 입장에서 생각하면 이러한 노력이 얼마나 중요한지 쉽게 짐작할 수 있다.

▶ 쥐구멍을 찾도록 해야 했다.

쥐도 구석에 몰리면 고양이를 물게 된다는 속담이 있다. 상대를 너무 코너에 몰면 오히려 내가 곤란한 상황에 빠질 수 있다는 뜻이다. 나는 항상 상대가 꼼짝할 수 없도록 퇴로를 막고 코너로 몰면서 대화를 했다. 그러다 보니, 상대는 스스로를 보호하기 위해서 내게 반격을 해야 했다. 문제점을 지적하고 싶을 때는 앞서 말했듯 우회적으로 하고 상대에게 도망갈 퇴로를 열어 주어야 한다. 예를 들면, 지시했던 내용과 다른 결과물이 나왔다고 가정하자. 현명한 접근 방법은 다음과 같다.

"미안해요. 내 의도와 설명이 부족했던 것 같아요.(나의 의도를 명확히

한 번 더 설명한다) 이쪽 부분은 이렇게 수정하면 더 좋을 것 같아요. (수정할 부분에 대해 구체적으로 지시한다) 이 도표는 정말 눈에 잘 들어오고 이해하기 쉽네요. 좋아요. 이곳은 이대로 가죠."

▶ 시간을 투자했어야 했다.

'로마는 하루아침에 이루어지지 않았다'는 말이 있다. 이는 오랜 시간 동안 많은 사람들의 피와 땀으로 로마제국이 건설되었다는 의미를 담는다. 사람의 마음도 마찬가지였다. 오랜 기간을 투자하면서 노력해야 했는데, 과거의 나는 항상 조금만 노력하고 바보처럼 생각했다. '젠장, 이렇게까지 했는데도 상대가 말을 안 듣는데, 나보고 뭘 더 어쩌라는 거야?'라고 말이다. 안타깝지만, 상대방에게는 아직 충분하지 않았다는 것이 문제다. 평소에 자신이 하지도 않던 아침 인사를 밝게 했다거나, 진심으로 감사의 마음을 전했다고 하더라도 상대는 이렇게 생각한다. '뭐야? 제오늘 약 먹었나?' 내가 아무리 진정성을 가지고 상대에게 다가가려고 했을지라도 그리 짧은 시간에 사람의 마음이 쉽게 변할 리는 없다.

- 삶에서 내가 무엇을 알고 모르는지 명확하게 인식하는 능력이 메타인지 능력이다.

- 메타인지 능력을 향상해 자기성찰과 인간관계에서 성장의 기회를 얻을 수 있다.

- 메타인지 능력을 향상하기 위한 한 가지 방법은 독서다.

to think
억대 연봉을 원한다면?

- ◆ 메타인지를 높이기 위해 독서 이외의 다른 방법은 없을까?
- ◆ 내게 당장 필요한 지식과 지혜는 무엇인가?
- ◆ 우리 집 책장 속에 꽂힌 책 중에 내게 필요한 책은 없을까?

to do
억대 연봉을 갈구한다면?

- ◆ 내가 안다고 생각하는 것과 모른다고 생각한 것을 적어 보자.
- ◆ 적은 내용 항목 중에 자신 있는 항목을 선택해 해당 항목의 역사적 배경을 설명해 보자.

성공을 부르는 인사이트

책 읽기의 중요성을 다룬 두 가지의 일화가 있어 소개한다. 먼저 개그맨이었던 고명환의 이야기다. 그는 현재 메밀국수 사업에서 크게 성공했다. 여러 권의 책을 쓴 작가로서도 강연하며 활발하게 활동한다. 과거 교통사고를 당해 의사가 2~3일 후 심장 문제로 죽게 되니 유언을 남기라는 말을 들었다. 일주일 후 중환자실에서 기적처럼 일어날 수 있었고, 병원에서 치료받는 4개월 동안 책 50권을 읽었다. 그 기간 그는 삶의 깨달음을 얻었고, 병원에서 퇴원하자마자 더욱 독서에 매진했다. 책에서 배운 지식으로 요식 사업에 뛰어들었다. 오로지 책이 시키는 대로 했다. 그리고 성공할 수 있었다는 일화다. 그는 여전히 일 년에 300권의 책 읽기를 목표로 매일 10쪽씩 책 읽기 운동을 몸소 실천하고 있다.

『돈의 속성』의 저자, 김승호 회장도 독서의 중요성에 관해 이야기했다. 그가 성공할 수 있었던 요인 중에 하나도 독서였다. 고교 시절 자신의 고1 담임선생이 200권의 책 목록을 건네준 것이, 인연이 되어 그때 책에 대한 관심을 두게 되었다. 담임 선생이 적어 준 책들을 고등학교 3학년이 될 때까지 모두 읽었다. 책을 통해 그는 추론하는 힘과 독자적으로 판단하는 힘을 기를 수 있었다고 말했다. 어떤 분야에서든 두드러진 성과를 내는 사람들의 공통점을 찾자면 분명 독서임이 틀림없다. 이들은 책을 통해 메타 인지력을 향상해 다양하고 복잡한 인생의 문제에서 최적화된 해결 방법을 찾으려 노력했을 것이다.

책 읽기 중요성에 대한 부인할 수 없는 사례들이 너무 많다. '독서를 위해 쉽게 접근하는 방법은 없을까?'라는 생각 중에 잠시 몽상을 했다. '만약 책이 숨 쉬는 공기와 같은 존재였다면?' 우리에게 생존 요소였다면 말이다. 아마도 책 읽기의 중요성에 대해 말하는 사람은 아무도 없었을 것 같다. 그러면 사람들이 모두 지식이 풍부할까? 이런 생각 자체도 없을지도 모르겠다. 모두가 이미 알고 있는 내용이기 때문일 것이다. 아닌가? 기억력이 부족하면 그렇지만도 않을까? 그렇다면 모든 사람이 지혜가 높을까? 아마도 그렇지 않을 것이다. 지식이 많다고 지식을 조합하는 능력이 높다고 보기는 어렵기 때문이다.

5. 이것으로 생각을 정화하라

글쓰기는 우리의 생각을 정화하는 방법이며 생각을 논리적으로 정리할 수 있는 과정이다. 책을 읽는 중에는 내용을 이해하고 기억하는 것 같다. 하지만, 시간이 흐르면 책의 내용을 기억하기 어렵다. 대충의 내용을 아는 것 같아도 막상 누군가에게 설명하려고 하면 쉽지 않다. 뇌는 에너지를 효율적으로 사용하기 위해 주의를 집중하는 경향이 있다. 이에 따라 종종 중요하지 않은 정보를 장기기억에 옮기지 않을 수 있다. 하지만, 텍스트를 통해 우리의 생각을 정리하면 불분명했던 개념이나 생각의 오류를 발견하고 기억에도 오래 남을 수 있다.

유시민 작가는 글쓰기에 대해 이렇게 말했다. "머릿속으로 떠다니는 생각을 논리와 맥락에 따라 구조화하고 표현할 수 있는 중요한 수단이다." 유튜브 동영상에서 유시민이 언급한 글쓰기의 중요성에 대해 요약하면 다음과 같다.

첫째, 긍정적이든 부정적이든, 모든 감정을 언어로 표현하는 일이 글쓰기다. 생각을 글로 표현하지 못하면, 그것이 머릿속에 잠시 구름처럼 뭉

쳐 있다가 시간이 지나면 쉽게 사라져 버린다. 하지만, 생각을 정리해서 글로 표현하면, 그 과정에서 내 생각을 더욱 깊게 이해할 수 있다. 생각을 정리하고 논리에 맞게 표현하는 훈련을 통해 글쓰기 능력이 향상된다.

둘째, 공부의 과정이다. 책을 읽어서 글쓰기 실력이 향상되는 것이 아니다. 생각을 글로 표현함으로써 글을 쓰는 능력이 향상된다. 글이 훌륭하지 않아도 상관없다. 현재의 수준에서 글을 작성하면 기억에 오래 남고, 진정한 자신의 것이 된다. 책을 읽고 기억하는 것보다 책에서 발견한 생각을 글로 옮길 때 장기기억으로 남게 된다.

글쓰기를 위한 효과적인 두 가지 방법

필사하라.

책에 쓰인 문장을 그대로 노트에 옮겨 적는다. 가장 쉽고 글쓰기 향상을 위해 효과적인 방법이다. 필사는 글쓰기와 유사한 행위로, 그 자체로도 많은 이점을 가지고 있다. 특히, 어휘와 문장 구조를 모방하면 글쓰기의 테크닉을 향상할 수 있다. 이는 어릴 적 어른들의 말을 흉내 내어 언어를 배우는 방법과 유사하다. '모방은 창조의 어머니'란 아리스토텔레스의 명언처럼 저자의 글을 모방함으로써 우리도 창조적으로 글을 쓸 수 있게 되는 것이다. 필사를 통해 글의 스타일을 탐구하고, 문장 구조를 익히면서 새로운 나만의 관점을 추가해 볼 수 있다.

블로그를 활용하라.

혹자는 블로그를 통해 글쓰기 실력을 향상할 수 있다고 말한다. 이는 블로그에 글을 올리면 글쓰기에 대한 동기 부여가 되고 자주 글을 쓰려고 노력하기 때문일 것이다. 블로그는 자신의 글을 누군가와 함께 공유하고 피드백을 주고받을 수 있다. 나의 글이 남보다 훌륭하지 못하면 실망하고 포기하고 싶어지는데, 괜찮다. 가볍게 글 쓰고 올리면서 꾸준하게 사람들과 소통하라. 글은 차츰 성장하기 마련이다. 실제로 내가 블로그를 운영하면서 글쓰기 향상에 많은 도움을 받았다. 구체적으로 살펴보면 다음과 같다.

첫째로, 블로그를 운영하기 위해서는 계속해서 글을 써야 했다. 글 쓰는 빈도가 높아지면서 연습량이 많아졌다. 동일한 표현이라도 색다른 문장으로 표현하려고 노력했다. 기간이 지날수록 조금씩 결과물이 좋아진다는 사실을 알았다.

둘째로, 다양한 주제에 대해서 글을 쓰면서 여러 분야의 지식을 습득하게 되었다. 주제와 관련된 서적을 찾아 읽었다. 평소 쓰지 않는 단어와 어휘를 배웠다. 생소한 단어를 자신의 글에 활용함으로써 쓰임새를 익혀 나갔다.

셋째로, 주제에 대해 오랜 시간 동안 생각했다. 주제를 선정하고 선정한 주제에 무엇을 모르는지 고민하는 시간을 가졌다. 이미 알고 있다고 생각했던 주제도 글을 쓰다 보면 부족한 부분을 많이 발견한다. 자료를 찾고 이해하는 시간 속에서 기대하지 않았던 정보를 발견했다.

넷째로, 논리에 맞는 글인지 확인하는 습관이 생겼다. 주어와 술어가 맥락에 맞는지, 글에 오류가 없는지를 자주 확인했다. 맥락을 확인하는 습관에서 글의 품질을 향상할 수 있었다.

to think

억대 연봉을 원한다면?

- ◆ 필사를 하기 위해 내게 좋은 책은 없을까?
- ◆ 블로그를 개설하고 글을 올린다면 어떤 글을 쓰고 싶은가?
- ◆ 메모지나 노트에 현재 자신의 마음을 글로 표현한다면?
- ◆ 스스로를 위로하기 위한 오늘의 한 문장을 작성한다면?

성공을 부르는 인사이트

책 쓰기의 백서라고 할 수 있는 『팔리는 책 망하는 책』을 읽었다. 이 책을 읽고 감명을 받아 가족에게 책을 출판하겠다고 선언했다. 가족 중 아무도 내 발언에 반응하지 않았다. 하지만, 이렇게라도 일을 저질러야 자기 말에 책임을 진다고 생각했다. 최소 자비출판이라도 하면 약속을 지킬 수 있다고 믿었다. 블로그에 글 올리는 작업을 잠시 중단하고, 출판을 위한 조사에 착수했다.

출판이 보장되지 않는 상황에서 이 모든 시간과 노력의 에너지를 투입하는 일이 과연 옳은 일인지 몰랐다. 스스로를 의심한 적도 많았다. '인생 그냥 편하게 살래!'는 내면의 목소리와 타협하려고도 했다. 하지만, 누군가가 과거의 나처럼 삶의 고통 속에서 간간이 하루를 연명하고 있을 것으로 생각하니, 멈출 수가 없었다. 오늘도 글을 쓰는 일은 여전히 고통스럽기만 하다. 하지만, 스스로를 격려한다. "가즈아! 오늘도 한 꼭지는 해 냈잖아!"

6. 소프트 스킬은 인생의 치트 키다

'사람들과의 관계에서 우리는 종종 상처받는다. 삶은 매번 이렇게 고통스러울 수밖에 없나?'

가족부터 다양한 사회집단에 이르기까지 인간관계에서 우리는 왜 이렇게까지 어려움을 겪고 사는지 생각해 본 적이 있나? 답이 있다. 경제, 주식, 부동산에는 우리가 많은 관심을 두고 공부하면서 투자한다. 하지만, 정작 인간관계에 관해서는 아무런 투자도 하지 않는다. 투자가 없으니, 인간관계의 복잡한 문제에서 해결 방법을 모르는 게 당연하다. 공교육은 인간관계 개선을 위한 프로그램을 제공하지 않는다. 사람과의 관계에서 발생하는 고통은 어찌 보면 당연한 결과일 수밖에 없다. 소프트 스킬은 이 고통의 늪에서 우리를 탈출시킬 수 있는 유일한 방안이다.

역할극이 왜 필요했을까?

내가 받은 데일 카네기 12주 교육에는 의사소통 능력을 향상하기 위한 교육 과정으로 '역할극'이라는 요소가 포함되었다. 5~6명의 참가자가 소그룹으로 교육을 받았다. 역할극에 대해 잠시 설명하면 다음과 같다.

내가 동료인 '홍길동'이라는 직원과의 대화에서 어려움을 겪고 있다면 그 어려움에 대해 그룹 참가자들에게 자세히 설명한다. 특별히 '홍길동' 직원의 특징을 잘 설명해야 한다. 소그룹의 한 참가자가 '홍길동' 직원의 역할을 맡아, '홍길동' 직원과 비슷한 말투와 행동으로 대화를 한다. 두 사람이 대화하는 동안, 나머지 참가자들은 나의 언행을 유심히 관찰한다. 특이점이 발견되면 메모한다. 대화가 끝나고, 참가자들이 정리한 메모를 공유한다. 이것이 역할극의 포인트였다.

12주 교육과정에 참여했던 동료들과 코치들

대화 중 내 표정과 제스처를 관찰하고 이들이 '홍길동'과의 대화에서 어떤 영향을 미칠 수 있을지를 함께 짐작해 해당 부분을 공유했다. 무의식적인 표정과 움직임들, 불필요한 접속사 사용과 오해를 불러일으킬 수 있는 단어를 골라냈다. 피드백을 바탕으로 회사에서 돌아가 직접 '홍길동'과 대화하면서, 개선된 방법을 적용해 보았다. 이후 결과를 다시 소그룹과 나누고 의견을 들었다. 2~3주 간격의 사이클로 이루어지는 교육과정이었다.

타인의 관점에서 바라보지 않으면, 우리가 미처 깨닫지 못한 부적절한 말과 행동을 찾아내기 어렵다. 제삼자의 눈과 귀를 빌려, 나와 '홍길동' 사이의 대화를 경청하고, 부적합한 의사소통 방식을 개선할 수 있는 조언을 받는 교육 과정이었다. 매우 독특했다. 일생을 살면서 단 한 번도 나를 타인의 시각과 청각으로 관찰했던 적이 없었기 때문이다. 이는 자기 의사소통의 문제점을 발견할 수 있는 소중한 기회였다.

잘하라는 건 알겠는데, 어떻게 하라는 건가?

우리는 부모와 친구, 그리고 교사의 말과 행동을 모방하면서 사회적 규범, 문화, 지식 등을 습득한다. 이는 사회의 일원으로서 우리가 무리 안에서 원활한 활동을 하기 위함이다. 사회가 사람들과 원활한 관계를 유지하라고 가르치는데, 집안이나 학교에서 이 문제를 등한시한다. 형제 사이에서 갈등이 생기면 부모는 "형제들끼리 잘 지내야지!"라고 말하지, '어떻게'라는 노하우를 가르치지 않는다. 학교도 예외는 아니다. 친구들 사이에 문제가 생겨 다투기라도 하면 "친구끼리는 잘 지내야지!"라고만 하지, '어떻게' 하면 잘 지낼 수 있는지 자세한 설명이 없다. 직장이라는 장소에서는 이런 윤리마저 약해, 상황은 더욱 심각하다.

'칭찬'은 어떨까? 어릴 적에 가끔 '참 잘했어요'라는 도장을 받아본 기억이 나는 전부다. 누군가가 나를 진심으로 격려하고 칭찬해 주었다고 생각한 기억이 거의 없다. 어떤 일을 잘했어도 보통 사람들은 어색한 웃음으로 "잘했네…."라고 하면서 말을 흐렸다. 사람을 칭찬할 때 어떻게 해야 올바른 방법인지 자세하게 설명해 주는 사람이 없었다. '너희들이 알아서 해라!'라는 일명 '맨땅에 헤딩'이라는 공식이 통용되는 느낌이었다. 후배에게도 어떻게 조언하면 좋을지 몰랐다. 단지 선배들의 행동을 모방했을 뿐이다. 하지만, 누구를 롤 모델로 삼아야 할지 도통 알 수가 없었다.

지적질은 최고다

아이러니하게도 배운 것이 없이도 어색함 없이 잘하는 일도 있다. '지적질'이다. 대부분의 부모가 자식의 시험 성적표를 받고 반응하는 장면을 나는 대충 짐작할 수 있다.

엄마: "체육은 잘하는 것 같은데, 산수과 국어는 이게 뭐니?"

아빠: "…."

체육을 잘한다는 말도 아니다. '잘하는 것 같은데….'라고 표현을 한다. 자식의 입장에서는 잘한다는 말인지 그렇지 않다는 말인지 헷갈리기까지 하다. 잘했다면 어떤 부분에서 잘한 것인지, 왜 그것이 좋은 것인지를 구체적으로 언급해 주는 것이 중요하다. 물론, 어떤 아빠처럼 무반응으로 일관하는 사람에게는 할 말도 없다. 과거 우리의 부모들은 잘했던 부분보다는 못했던 부분에 집중했다. 장점을 키우기보다 단점 보완을 원했기 때문이다. 직장은 어떨까? 충고라는 위장술로 날카로운 비수가 날아온다. 이는 마음속에 깊은 상처로 자리 잡는다. 때론 사람들 앞에서 망신을 주어 상처를 넘어 수치심까지 느끼게 만든다.

직장 선배나 상사에 대해 어떤 생각을 하고 있는지 취업 포털 잡코리아가 조사했다. 결과를 보면 쉽게 회사의 상황을 짐작할 수 있다. 직장에서 가장 듣기 싫어하는 말은 "할 줄 알지?"가 1위였다. 충분한 설명과 업무에 관한 교육도 없이 무턱대고 일을 맡기는데 부담감이 반영된 결과다. 이어서 "알아서 해 봐!(14.8%)"와 "바쁜 일 없지?(11.3%)"가 뒤를 이었다. 평소 어딘가에서 많이 들었던 것들 아닌가?

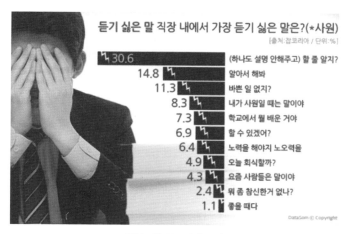

듣기 싫은 말 직장 내에서 가장 듣기 싫은 말은?(*사원)

[출처:잡코리아 / 단위:%]

%	말
30.6	(하나도 설명 안해주고) 할 줄 알지?
14.8	알아서 해봐
11.3	바쁜 일 없지?
8.3	내가 사원일 때는 말이야
7.3	학교에서 뭘 배운 거야
6.9	할 수 있겠어?
6.4	노력을 해야지 노오력을
4.9	오늘 회식할까?
4.3	요즘 사람들은 말이야
2.4	뭐 좀 참신한거 없나?
1.1	좋을 때다

DataSom ⓒ Copyright

취업포털 잡코리아 조사

이런 표현들에 우리가 어색함이 없다. 평소 무의식 속에서 거부감 없이 이런 말들이 쉽게 튀어나온다. 하지만, 상대방의 입장을 생각해 보자. 내가 당사자가 된다면 어떤 기분이 들겠나? 부정적으로 들리고 상대방이 싫을 수밖에 없다. 전달자의 명확한 의도와 건설적인 피드백이 없다면 말이다. 상호 신뢰할 수 없는 문화가 빚어낸 안타까운 회사 환경의 아픔이 아닌가 싶다.

지적하기 위한 요구사항

효과적인 지적을 하고 싶다면 상대에 대한 애정 어린 관심이 우선이다. 상대에게 관심을 가지고 관찰해야 한다. 이는 우리의 접근 방법에 변화를 일으키기 때문이다. 상대에게 진정한 관심을 가지면 상대의 뛰어난

부분을 긍정적으로 보게 된다. 혹여 부족한 부분이 있어도 적극적으로 도와주고 싶어진다. 다음에 나오는 문장들은 상대방의 문제를 지적할 때 사용하면 효과적일 수 있는 표현들이다.

▶ "완벽해요.", "이대로도 충분해요.", "놀라운 결과예요.", "매우 인상 깊었어요."
▶ "감동했어요.", "탁월합니다.", "리더십이 뛰어나군요."
▶ "능력과 자질이 있는 사람입니다.", "팀플레이도 좋고 소통도 원활해요."
▶ "함께 합시다!", "성장을 위한 기회입니다.", "여전히 성장하고 있어요. 좋아요!"
▶ "안심해요. 많은 사람에게 꼭 긍정적인 영향을 줄 겁니다. 괜찮아요."

이와 같은 표현을 서두에 던지고 관심을 통해 발견한 상대의 좋은 점을 공유한다. 단, 어떤 부분에서 무엇이 좋았는지 구체적으로 자신의 의도를 전달해야 한다. 예를 들면 다음과 같다.

"팀에게 할당된 과제에 대해 간략하게나마 조사한 후 요약 정리해서 메일로 전송한 일은 팀에게 매우 도움이 컸습니다. 팀원들이 이번 프로젝트 방향성에 대해 명확하게 이해할 수 있었던 좋은 기회가 되었을 테니까요. 업무 때문에 바빴을 텐데 자료를 찾아 정보를 나눠 준 홍길동 사원의 따뜻한 마음에 감사하다고 전하고 싶어요. 고마워요."

상대방의 긍정적인 부분을 충분히 칭찬이라는 선물로 정성껏 포장한 후 본인이 지적이나 요청하고 싶었던 단 하나의 사안을 간략하게 말한다. 주의할 점은 여러 가지의 요구사항을 늘어놓으면 안 된다. 이는 상대가 칭찬을 단지 고기를 물게 하기 위한 밑밥이라고 생각할 수 있기 때문이다. 단 하나의 요청 사항만 간결하게 말해야 한다는 것을 잊지 말자. 인간관계 형성은 우리가 투자한 시간과 노력만큼 결과가 비례한다. 다만, 당장 극적인 결과를 기대하지는 말자. 사람과의 관계도 엄연한 투자다. 시간을 투자하고 신뢰를 쌓아가는 과정에서 '보상'이라는 열매가 열린다. 우리의 인내심이 필수 불가결한 것이다.

to think

억대 연봉을 원한다면?

- "좋은 아침이에요! 오늘 공기도 맑고 기분 좋네요."라고 말할 상대로 누가 좋을까?
- 칭찬하는 일을 시도해 본다면 내 친구나 가족 중 누가 떠오르나?
- 인간관계에 투자하고 싶은 상대로 누가 좋을까?

성공을 부르는 인사이트

"말 한마디에 천 냥의 빚을 갚는다."라는 속담이 있다. 말만 잘하면 어려운 일이나 불가능해 보이던 문제도 해결할 수 있다는 의미다. 말 한마디의 가치와 영향력이 상당하다는 뜻이다.

"얼굴 좋아 보여요. 무슨 좋은 일 있어요?"

누군가에게는 쓸데없는 짓이라고 여겨질 수도 있다. 하지만, 내 경험상 이런 사소한 것들이야말로 사람들과의 관계를 잘 형성하는 데 꼭 필요한 도구가 된다. 사소하지만 이런 사소한 말과 행동으로 이뤄낸 가치는 금전적인 보상보다 크다. 모든 결괏값에는 시간과 행동이라는 파라미터가 존재한다. 나도 한때는 '내가 왜 이런 것까지 해야 하지? 이 무의미한 행동을 언제까지 해야 하는 거야?'라고 혼잣말을 하면서 그만두고 싶었던 적이 많았다. 하지만, 이는 곧 목적지에 가까워진다는 신호였다. 이는 경험한 자만이 알 수 있는 귀한 진리이다.

우리는 끝이 없이 긴 중국 만리장성의 모습에 놀란다. 하지만, 만리장성이 2,000년이라는 긴 세월에 걸쳐 완성되었다는 사실은 깨닫지 못한다. 이집트의 유명한 크푸라 피라미드의 높이는 약 147미터다. 무려 아파트 35층에 높이에 해당한다. 웅장한 높이에 압도당한다. 하지만, 이 역시 20년 이상의 긴 세월 동안, 누군가의 피와 땀으로 건설되었다는 것을 간과한다. 역사의 산물만이 눈앞에 보이기 때문에 노고의 가치를 깨닫지 못하는 것이다. 돌조각 하나를 쌓는 노력이 우리의 역사를 바꾸는 시발점이 된다는 것을 기억하자.

2장

피지컬 테크닉

1.   몸의 언어를 익혀라

　부자나 유명한 연예인을 본 사람들은 그들 주위에서 뭔가 후광처럼 빛이 난 것 같다고 말한다. 이런 말을 하는 이유는 뭘까? 아마도 깨끗한 피부와 원활한 몸의 혈액순환으로 인해 얼굴이 은은하게 붉은 홍조 빛을 띠기 때문이다. 혹은 우리가 착각하는 것일지도 모른다. 어떤 이유에서든, 만약 우리도 후광 효과를 만들 수 있다면 어떨까? '같은 값이면 다홍치마'라는 속담처럼, 후광 효과로 많은 주변의 사람들에게 유의미한 긍정적인 영향을 줄 수 있다면 말이다.

　후광 효과를 만들어 주는 기반 동력이 있다. 바로 운동이다. 몸속에 쌓인 노폐물과 중금속과 같은 유해 물질을 땀으로 배출시키게 하고, 피로의 원인인 젖산을 제거해 혈액 순환과 림프샘 흐름을 돕는다. 운동을 통해 깨끗한 피부와 건강한 몸을 유지할 수 있으므로, 우리 얼굴에 활력을 불어넣는 원동력이 된다. 후광 효과를 원하는가? 규칙적인 운동을 통해 땀을 흘려라!

　건강 문제를 해결하기 위해 나는 본격적으로 운동을 시작했다. 이에 따라 건강은 물론 몸매까지 챙겼다. 이전에는 54kg도 안 되는 호리호리한 마른 체형으로 술과 담배에 찌들어 살았다. 누가 봐도 '비 매력남'의 표상이었다. 하지만, 5년간 꾸준한 운동으로 현재는 건강한 체형과 좋은 모습을 하고 있다. 얼굴색도 밝아졌다. 가끔은 실제 나이보다 젊어 보인다는 말을 듣기도 한다.(웃음) 심지어 반농담조로 '부자 같으세요.'라고 말을 들어 본 적도 있다. 립 서비스 차원의 말이라는 것을 나도 안다. 어찌 되었든, 현재의 내 모습이 사람들에게 긍정적인 효과를 주는 것은 사실이다. 운동으로 건강을 챙기고 사람들에게도 긍정적인 영향도 줄 수 있으니, 이 얼마나 꿩 먹고 알 먹기, 도랑 치고 가재 잡는 격이 아닌가?

과거 운동하기 전(왼쪽) vs 현재의 모습(오른쪽)

이전에도 운동했던 적이 있다. 하지만, 운동 지식이 부족했고, 주위에서 동기 부여해 줄 친구가 없었다. 운동은 마치 몸에 맞지 않는 옷을 입으려는 듯한 느낌이었다. 하지만, 꾸준한 운동으로 '운동의 쾌감' 같은 것을 알았다. 운동은 어느새 일상의 루틴이 되었다. 내 삶에 없어서는 안

될 필수 불가결한 요소가 된 것이다. 헬스장에서 종종 만나는 사람들과 대화를 나누다 보면 운동하는 사람들의 공통점을 발견한다. 일주일에 하루라도 운동을 하지 않으면 몸이 찌뿌둥하다는 느낌을 받았다거나, 운동을 잠시 쉬면, 건강이 나빠진다는 느낌이 든다고 한다는 점이다.

헬스장 지인 중에 육체노동을 직업으로 하는 사람도 있다. 그는 퇴근 후에도 운동한다. 운동을 해야 몸과 마음이 풀린다고 했다. 운동 마니아들이 흔히 겪는 비슷한 현상이다. 운동을 통해 뇌에서 분비되는 다양한 호르몬(도파민, 세로토닌, 코르티솔, 엔도르핀 등)으로 행복감과 안정감을 느낀다. 다양한 긍정 호르몬들의 중독으로 인해 마니아들이 운동을 쉽게 그만두지 못하게 되는 이유가 여기에 있다.

환경을 극대화해라

"운동은 재미없고 힘들기만 해요." 이렇게 말하는 사람들을 위해 하고 싶은 말이 있다. "운동하는 사람들과 어울려라!" 운동을 즐기는 사람들은 운동할 수 있는 환경을 적극적으로 만들려고 노력한다. 검색엔진에 '조깅'이라는 단어로 검색하고, 커뮤니티나 모임을 찾아라. 그들과 어울려라. 모임에 들어가는 일이 부담스럽다고? 그렇다면 우선 동네 한 바퀴라도 매일 뛰어라! 대신 규칙적으로 꾸준하게 해야 한다. 짧게 10분씩만이라도 괜찮다. 이것도 어렵다고? 그럼 3분 만이라도 걷자. 단 당장 시작하자. 운동 강도를 높이지도 말라. 가볍게 자주 하겠다는 생각으로 하면 된다. 익숙해지면 루틴이 되고, 하다 보면 운동 강도를 높여야겠다고 생각하는 타이밍이 오기 마련이다.

운동할 장소가 마땅치 않다고? 시간이 없나? 맨몸 운동도 있다. 운동 장소가 따로 필요 없다. 시간 제약도 없어 우리의 '의지'만 있다면 장소 구애 없이 언제나 가능하다. 운동에 관한 유튜브 동영상도 지천이다. 경쾌한 음악과 운동할 수 있는 영상들도 많다. 운동과 재미를 함께 잡을 수 있다. 'beginner workout'이라는 단어로 검색해 보라. 마음에 드는 영상을 선택하고 무작정 시작한다.

격한 움직임이 싫다고? 스트레칭은 어떤가? 'beginner stretching'이라고 검색하면 무수한 동영상들이 쏟아진다. 우리 회사의 황 과장은 스트레칭 마니아인데, 스트레칭도 레벨에 따라서는 충분히 많은 땀을 낼 수 있다고 귀띔해 줬다. 조건과 상황을 고려해 다음 표에서 시작할 수 있는 종목을 선택하자.

종목	강도	장점	단점	동기 부여	비고
스트레칭	낮음	실내에서 가능하고 비용이 들지 않음	혼자하므로 동기 부여가 낮음	매우 낮음	유튜브 동영상
맨몸 운동	보통	맨몸 운동의 타입에 따라 강도의 조절 가능	아파트와 같은 공동생활 장소일 경우 층간 소음 발생	낮음	유튜브 동영상
조깅	보통/높음	실외에서 가능	조깅할 장소와 코스가 마땅치 않음	보통/높음	동호회나 모임을 이용하면 동기 부여가 됨
헬스	높음	운동하기 좋은 환경에서 지속할 가능성이 높음	비용 발생	높음	PT와 병행하면 효과를 높일 수 있음

    조깅과 맨몸 운동 종목을 조합해서 시도해 보는 것도 좋다. 무엇을 선택하고 어떻게 조합하든 상관없다. 실천하는 것이 중요하다. "여유가 없어요.", "내일부터 할게요."라고 하는 말은 행동하지 않겠다는 말과 같다. 미루려는 핑계를 만들어 내는 것은 우리의 본능이다. 이 본능을 거슬러야만 우리의 삶이 변화한다. 운동의 중요성과 방법에 대해 자세히 알려 줘도 다수의 사람은 실행하지 않는다. 운동을 하는 상위 10%에 들고 싶다면 바로 이 책을 덮어라. 자리에 서서 맨몸 스쾃 50개를 한다. 시도조차 하지 않았다면 책을 덮기를 바란다. 서로에게 시간 낭비니까!

- 꾸준한 운동 습관으로 땀 흘리는 운동을 할 때, 삶에 긍정적인 변화를 불러올 수 있다.
- 운동을 위한 환경을 조성하고 흥미로운 종목을 선택해 실행하는 것이 핵심이다.
- 시간과 장소에 구애받지 않고도 할 수 있는 운동은 얼마든지 있다.

to think

억대 연봉을 원한다면?

- 맨몸 운동으로 당장 내게 어떤 것이 좋을까?
- 산책이나 가볍게 조깅하러 갈 장소로 어디가 좋을까?
- 가볍게 할 수 있는 운동으로 무엇이 있을까?

to do

억대 연봉을 갈구한다면?

- 복잡한 머릿속 생각의 스위치를 잠시 끄자! 몸을 움직여라.
- 매일 5분씩 맨몸 운동에 투자하자.

성공을 부르는 인사이트

안데르스 한센의 책 『인스타 브레인』에서 우리 뇌의 진화 상태를 이렇게 설명했다. 지구상에 인간이 살아온 1만 년의 시간을 1만 개의 점으로 표시한다. 우리가 현재 사용하는 자동차, 전기, 컴퓨터, 휴대폰, 그리고 SNS와 같은 발명품들이 탄생한 시간을 점으로 표시하면 불과 11개의 점이다. 인류가 살아온 99%의 시간은 수렵과 채집과 같은 원시적인 생활의 시간을 할애했다. 이는 우리의 뇌가 아직 현대사회에 적응할 만한 진화 상태에 이르지 못했다는 증거다.

현재의 인류는 과거와는 달리 생존을 위해 수렵과 채집 활동을 하지 않아도 된다. 하지만, 뇌의 진화적인 관점에서 우리는 꾸준히 몸을 움직여야 한다는 사실을 인식해야 한다. 생리적 필요성을 과소평가하는 것은 우울증, 스트레스, 불안 등과 같은 위험에 노출될 수 있다는 점을 인정하는 일이다.

2. 비주얼을 관리하라

종의 보존을 위해 화려한 외관을 선택했다는 찰스 다윈의 공작새 진화론은 매우 흥미롭다. 수컷 공작새가 암컷에게 선택받기 위해 생존력을 떨어뜨릴 수 있는 화려한 깃털을 진화시켰다. 적에게 자신을 노출해 생존율을 낮출 위험보다, 암컷에게 선택받을 확률을 높였다. 자손을 통해 종의 생존율을 높이는 방법을 선택한 것이다. 화려한 깃털에 대한 리스크가 오히려 종의 번식력을 강화했다는 흥미로운 이야기가 아닐 수 없다.

여성이 화장하는 이유는 뭘까? 이성에게 잘 보이고 싶어서다. 왜 잘 보이려는 건가? 공작새의 진화론에서 나온 이야기처럼 이성을 유혹하기 위함이다. 즉 '인간의 본능' 때문이다. 짝짓기를 위한 동물적 본능에서 나오는 자연스러운 행동일 뿐이다. 인간의 본능이란 측면에서 남자가 화장하면 어떤가? 남성이 화장한다면 어떤 느낌이 드는가 말이다. 이상한가? 물론 그렇다고 답하는 사람도 있다. 하지만, 남자들의 화장에 대해 여성들의 의견을 직접 들어 보면 상황은 조금 다르다.

오피니언 유튜브 동영상에서 여성들을 대상으로 인터뷰했다. '여자들은 화장하는 남자를 좋아할까?'라는 질문에 실제로 많은 젊은 여성들이 과하지만 않다면 부담스럽지 않다고 대답했다. 남성이 화장하는 것에 부정적이지 않다는 의미다. 남성들도 부족한 자기 피부를 보완할 수 있다면, 에센스, 비비크림과 파운데이션을 적극 활용해야 한다. 눈썹도 정리하고 그리는 등 외모 관리에 신경을 써야 한다. 이제 화장은 더 이상 여성들만의 전유물이 아니다. 명심하자! 우리가 외모를 업그레이드할 수 있다면 화장하는 것을 두려워하지 말아야 한다.

나는 종종 BB크림을 바른다. 의학용으로 개발했다는 BB크림(Blemish Balm)을 주로 애용한다. 염증 치료과 피부 재생 효과에 탁월하기 때문이다. 하지만, 미용을 크게 기대하는 사람이라면 추천하지 않는다. 이 크림은 모공을 가리고 매끄러운 피부를 연출한다기보다는 자연스러운 미용을 추구하는 방법이기 때문이다. BB크림의 경우 피부가 민감한 사람의 경우는 실리콘 계열의 성분을 피해야 한다. 다음과 같은 실리콘 계열의 BB크림은 피부 톤을 매끄럽고 돋보이게 해 주지만, 피부가 숨을 쉴 수가 없다. 이는 피부 트러블이나 염증을 일으킬 수 있는 원인이 된다.

▶ 디메치콘 – Dimethicon, 사이클로메치콘 – Cyclomethicone

▶ 사이클로펜타실록산 – Cyclopentasiloxane, 사이클로헥사실록세인 – Cyclo-hexasiloxane

▶ 비닐디메칠콘 – Vinyl Dimethicone, 크로스폴리머 – Crosspolymer

BB크림을 바르는 방법에 대해 간단하게 소개한다. 세안 후, 소량의 크림을 미간과 콧등을 중심으로 십자가를 그려 5개의 지점에 찍어 바른다. 네 개의 손가락을 이용해 5개의 지점에 크림을 '톡톡톡' 키보드를 두드리는 것처럼 골고루 바른다. 이때 퍼프(스펀지 종류)를 이용하면 좋다. 퍼프를 이용해 '톡톡톡' 터치하는 방식으로 바르면 BB크림의 색깔 톤이 얼굴 전체로 골고루 퍼져 자연스러움을 연출할 수 있다. 주의할 점은 퍼프로 그냥 마구 문지르면 안 된다. 크림이 모두 퍼프로 옮겨지기 때문이다.

채용 회사 사람인이 구직자 380명을 대상으로 조사한 결과, 87.6%의 구직자가 채용 시 외모가 당락에 영향을 미친다고 생각하는 것으로 나타났다. 여성은 남성보다 8.5% 높은 91.6%로 나타났으며, 외모 중 가장 큰 영향을 미치는 부분은 '인상 표정 등 분위기'였다. 이 들 중 55.3%의 구직자가 본인의 외모 때문에 취업 과정에서 피해를 봤다고 느꼈다. 외모 때문에 피해를 봤다고 느낀 상황으로는 '서류 통과해도 면접만 보면 탈락할 때', '외모가 뛰어난 지원자에게 질문이 집중될 때' 등 순으로 조사되었다. 전체 응답자의 55.5%가 외모 관리를 하고 있으며, 이를 위해 매월 평균 15만 7천 원을 투자하고 있다. 현재 구직자라면 용모에 얼마만큼 관심을 두고 관리해야 할지 짐작해 볼 수 있는 조사 결과다.

외모 관리의 중요성은 비단 우리나라뿐 아니라 외국에서도 마찬가지다. PATH라는 리쿠르팅 회사에서도 이 중요성에 대해 강조했다. 면접관이 면접이나 채용 제안을 결정하는 데 있어 큰 영향을 미칠 수 있고, 복장은 지원자가 면접관과의 시간을 존중한다는 의미를 보여준다. 면접자가 기업 문화에 대한 이해도가 높은지는 복장을 통해 알 수 있다고 했다. 면접 전에는 회사의 환경을 사전에 조사하여 옷차림에 대한 아이디어를 얻고, 착용할 복장이 직장 분위기와 어울리는지를 확인하는 것이 중요하다.

용모 단정 루틴

매일 아침과 저녁으로 나는 머리를 두 번 감는다. 두 번 머리를 감는 이유는 청결을 유지하면서 누구를 만나든 단정한 모습으로 상대방에게 좋은 인상을 주고 싶기 때문이다. 아침에 머리를 감고 드라이어기로 말린 후, 왁스로 정리한다. 미용실에서 머리를 손질한 후 밖을 나서면 기분이 상쾌해지는 것처럼, 나는 매일 아침 머리를 정성껏 손질한다. 상쾌한 하루를 기대하기 때문이다. 거울에 비추어 깔끔한 자기 모습을 확인하면 자신감도 생긴다. 깔끔한 모습으로 사람들과 소통함으로써 상대방도 우리에게서 긍정적인 에너지를 얻을 수 있다.

머리 손질이 끝나면 코털 정리를 한다. 코는 상대방과 대화하면서 우리의 눈이 자주 가는 장소이기 때문이다. 아무리 멋쟁이 남자와 미인이라도 1밀리미터 정도 고개를 든 코털에 온통 우리의 신경이 간다. 남성이든 여성이든 이런 모습을 발견하면 뭔가 상대방이 부족하다는 생각에 아쉽다. 내가 코털 정리에 집착하는 이유가 여기에 있다.

코털 정리가 끝나면 눈썹을 정리한다. 눈썹 라인을 그리기도 한다. 눈썹의 선을 분명히 하고 눈썹 색깔의 농도를 조절한다. 얼굴의 대칭성을 높여 인상을 매력적으로 보이게 할 수 있다. 여성들이 눈썹에 공을 들이고 기를 쓰는 이유가 여기에 있다. 눈썹 정리는 미용실 뷰티숍에서도 부탁할 수 있으니, 머리를 손질할 때, 눈썹을 정리해 달라고 부탁해 보라. 단골이면 무료로도 해준다. 유튜브에서 '눈썹 그리는 법'이라고 검색하면, 초보자들을 위해 친절하게 알려주는 동영상들이 많다. 참고하자.

사람과 교류할 때는 용모 관리를 위해 돈과 시간을 투자해야 한다. 용모가 깨끗해서 부정적인 평가를 받는 사람은 없다. 반대의 경우는 많지만 말이다. 내가 어릴 적 집에 온수가 나오지 않아 매일 머리를 감고 목욕하는 일이 어려웠다. 장난기 많던 나는 미술 선생에게 무엇인가 무례한 행동을 했던 것 같다. 그녀의 심기를 건드렸고, 나는 교단 앞에 서서 머리채를 잡혔다. 선생에게 혼이 났던 일은 괜찮았다. 다만, 그녀가 했던 말이 기억 속에 선명하게 남아 있다. "이놈아, 머리에 이 기름때 좀 봐라. 머리나 좀 감고 다녀라. 어이쿠…" 비록 어린 시절 서글픈 일화지만, 청결함의 중요성을 강조하는 대목이다.

비주얼 관리의 기본이 되는 두 가지만 기억하자.

첫째, 청결을 유지하라.

외관을 꾸미는 일보다 우선이다. 몸을 청결하게 하는 일이다. 매일 속옷을 갈아입는 것이 불편하고 번거롭다고 생각하는 사람이 있을까 노파심에서 말한다. "매일 갈아입어라!" 속옷은 우리의 피부와 직접적으로 접촉하기 때문에 매일 갈아입지 않으면 박테리아와 같은 병원체가 우리 몸에 번식할 수 있다. 땀, 머리카락, 피부세포 등이 쌓여 불쾌감을 일으키고 몸 냄새의 주된 원인이 된다. 매일 갈아입어라. 제발!

양치질은 제대로 하고 있는가? 점검하라. 양치질의 전부가 아니다. 'Nope!' 입냄새에 고민하는 사람들이 있다면 내 말 잘 들어라. 구강 내 세균 중에 혀와 잇몸에 존재하는 세균이 입냄새의 주원인이 된다. 입냄새는 혓바닥을 제대로 닦지 않아 생기는 문제다. 우리의 혀에는 500여 종의 세균이 증식한다. 닦지 않고 방치하면 입냄새는 물론 구강암 발생률을 2배 이상 높일 수 있다. 일본 한 텔레비전 방송에서 습관성 장염에 시달리던 사람이 혓바닥을 매일 닦고 나서, 장염이 완치되었다는 일화가 있었다. 독자 중에 비슷한 증상을 가지고 있는 사람이 있다면 꼭 실천해보기 바란다.

둘째, 향수로 후각을 자극하라

오랜 기간 나는 불가리 향수를 애용했다. 어느 날, 첫째 딸이 이런 말을 했다. "거리를 걷다가 모르는 사람에게서 아빠의 향수가 나길래. 뒤돌아보게 되었지 뭐야." 그렇다. 시각만큼이나 후각은 상대에게 강한 인상을 심어 줄 수 있다. 감각적인 요소다. 향수가 이렇게까지 내 딸에게 나라는 존재를 강하게 각인시켰는데 일면식도 없는 사람에게는 어떤 영향을 미칠지 상상해 보라. 길을 걷다가 이성에게서 은은하게 좋은 향수 냄새가 났고 평소 선호하던 향기였다면, 당신도 짐작할 수 있다. 다시 한번 상대를 쳐다보게 되지 않던가?

결혼 정보 회사 듀오와 한국P&G 페브리즈가 함께 전국 20~30대 미혼 남녀 769명(여 465명, 남 304명)을 대상으로 「냄새가 호감도에 미치는 영향」에 대해 설문조사를 했다. 전체 미혼 남녀 90.5%가 '호감도의 영향을 미친다'고 답했다. 10명 중 9명 이상이 상대방에서 나는 향기에 긍정적으로 반응한다는 사실을 알 수 있다. 상대의 후각을 자극해 호감도를 인위적으로도 높일 수 있다는 의미이다. 향수를 사용하는 것만으로도 나에 대한 호감도를 쉽게 높일 수 있다. 우리가 이를 마다할 이유가 없다.

to think

🔖 억대 연봉을 원한다면?

◆ 외모에 변화를 주기 위해 어디를 개선하면 좋을까?

◆ 내게 어울리는 스타일과 색상의 옷은 어디에서 구입하면 좋을까?

◆ 내게 어울리는 향수는 무엇이고 어떤 향수로 시작하면 좋을까?

to do

🔖 억대 연봉을 갈구한다면?

◆ 다양한 스타일, 화장법, 향수, 옷과 관련한 유튜브 동영상을 찾아보자.

◆ 뷰티 미용실에서 이전과 다른 머리 스타일로 부탁해 보자.

◆ 향수를 구입해 휴대하고 다니면서 자주 사용해 보자.

성공을 부르는 인사이트

매력적인 사람이란 어떤 사람인가? 다양한 감각으로 우리에게 지속적인 자극을 주는 매혹적인 인물이다. 아름다운 시각을 제공하고 우리 눈을 즐겁게 한다. 후각을 통해 우리의 코끝을 감동하게 한다. 페로몬 향수까지 개발된 이유를 생각해 보면 이해하기 쉽다. 부드러운 말투도 우리의 청각을 사로잡는다. 남다른 목소리를 활용해 상대방을 유혹한다. 자신만의 시그니처를 개발하거나 특이한 액세서리를 사용하자. 우리의 입체적인 매력으로 상대를 자극할 수 있다. 이러한 특징을 갖춘 사람은 많은 사람들로부터 높은 호감 신호를 전송받고 있을 것이다. 처음 시도할 때, 사람 대부분은 어색하고 불편하게 느낀다. 익숙하지 않기 때문이다. 하지만, 익숙하지 못함에 굴복하면 새로운 경험들은 절대 나를 찾아오지 않는다.

3. 나만의 리스트로 실행하라

관리자로 일하면 직원들을 칭찬해야 할 일이 종종 생긴다. 평생 '참 잘했어요.'라는 도장이 칭찬의 전부라 여겨졌던 나에게 칭찬을 어떻게 해야 하는지 몰라 어려움을 느꼈다. 누군가를 칭찬하는 일은 처음 만난 이성과 대화를 시작해야 하는 일처럼 어색했다. 하지만, 관리자가 된 이상, 어색하다고 직원들에게 동기 부여되는 일을 소홀히 할 수 없었다. 연습했고, 문제점을 개선해 나갔다. '칭찬을 위한 실행 리스트'까지 만들고 기우제를 지낸다는 심정으로 꾸준하게 수행했다.

할 수 있는 작은 것부터 시작했다. 점차 익숙해지자, 내가 스스로 변화하고 있다는 것을 깨달았다. 변화의 인식은 행동을 멈추게 하지 않았다. 미세하게나마 상대도 나의 노력에 변화의 조짐을 보였다. 돼지 저금통에 동전을 넣는 어린아이 심정으로 꾸준히 사람에게 투자하라고 말씀하신 법륜스님을 생각하며 지치지 말아야 한다고 생각했다. 그리고 알았다. 꽉 찬 돼지 저금통을 열고 환희하는 어린아이의 마음을. 또한, 긴 고뇌의 과정을 통해서만 보상을 받을 수 있다는 것을.

작은 행동 하나

"태우 님, 회계 정리가 정말 깔끔해요. 훌륭해요!", "희동 님, 일 처리가 프로다운데요. 멋져요!", "용규 님, 덕분에 문제가 쉽게 풀렸어요. 감사합니다.", "병택 님, 완벽하군요!"

칭찬을 위한 문장을 만들고 매일 '실천 리스트'에서 문장을 뽑아 실행했다. 상대방은 처음에 무반응이었다. 당연하다. 평소에 하지도 않던 말을 생뚱맞게 하니 열에 아홉은 '왜 저래?'라고 생각을 한다. 실천 리스트에 있는 항목을 매일 계획대로 실행해 옮겼고, 사람들은 나의 의도를 의심하기 시작했다. '쥐약 먹은 거 아니냐?'라는 말을 그들 표정에서 읽을 수 있었다. 하지만, 아랑곳하지 않고 행동도 멈추지 않았다. 직원들의 장점을 발견하면 메모했다. 그러자, 상대방의 강점이 정말 보이기 시작했다.

일 년 정도의 시간이 흘렀다. 효과가 서서히 나타나기 시작했다. 무반응했던 사람들이 반응하기 시작했다. 어느 날, A 사원을 칭찬하는데, B 사원이 추임새를 넣는 게 아닌가? 경이로운 순간이었다.

나: "A 씨, 덕분에 팀원들과 유용한 정보를 공유할 수 있게 되었어요. 고마워요!"

B 사원: "한 달 전에 같은 문제로 A 씨가 어려운 안건에 많은 시간을

소비했다고 들었어요. 어려웠던 내용을 문서로 정리해 두면 나중에 팀원들에게도 도움이 될 것 같다고 했던 것이 기억나네요. 대단해요 A 씨!"

　나: "그랬군요!"

　A 사원: "별거 아닙니다. 문제점을 정리해 놓으면 제가 나중에라도 해결책을 찾는데 시간을 절약할 수 있을 것 같았어요. 이왕이면 팀원들에게도 공유하고 싶었고요."

　나: "역시, A 사원 다워요!"

　탄력받은 자동차에 가속이 붙었다고나 할까? 일 년이라는 꾸준한 투자가 꽁꽁 얼어붙은 사람들의 마음을 녹게 했다. 신기했다. 내가 알던 사람들이 아니었기 때문이다. 나는 알 수 있었다. 사람의 마음은 결코 하루아침에 쉽게 움직이지 않는다는 사실을. 계란으로 바위를 치듯 아무런 변화의 조짐이 없다고 느꼈을 때는 포기하고 싶었다. 하지만, 꾸준히 계란이라도 던지면 언젠간 바위에도 틈이 생길 것이라고 믿었다. 변화의 바람은 용기를 내는 자에게만 부는 희망임을 깨달았다.

작은 행동 둘

내가 일본에 거주한 지 거의 17년이다. 일어로 대화하는 데 큰 어려움은 없지만, TV 드라마나 뉴스를 보면 모르는 한자와 어휘가 자주 발견된다. 단어 하나를 알지 못해 특정 드라마 장면이나 뉴스 내용 전체를 이해하지 못했다. 조금씩 실력이 좋아졌다지만, 여전히 이해하지 못하는 경우가 많았다. 일본에 사는 많은 외국 사람이 나와 마찬가지겠지만, 어려움을 겪고 나서야 비로소 마음속에서 들려오는 소리에 귀 기울인다. '공부 좀 열심히 해야겠다….' 하지만, 바쁘다는 핑계로 공부를 소홀히 했다. 한 장도 들춰 보지 않던 참고서도 많다. 마음을 가다듬고 공부하던 기간 중이라도 일이 발생하면 중단하기 일쑤였다.

코로나19가 발생하고 집에서 업무를 보기 시작하면서였다. 매일 아침 나는 혼잡한 전철을 타지 않아서 좋았다. 평소보다 늦게 일어나도 여유로운 아침 시간을 누릴 수 있었다. 기회다 싶었다. 남은 자투리 시간을 활용하고 싶었다. 유튜브에서 일본어 공부와 관련한 동영상으로 공부했다. 아침마다 30분 이상 단어와 문법 공부를 병행했다. 그러던 어느 날, 일본어 능력 시험을 봐야겠다고 마음을 먹었다. 어떤 목표가 있어야 공부하는 데 동기 부여가 될 것이라고 믿었기 때문이다.

공부하기에 싫은 날이 많았다. 스스로를 달랬다. 단어 2개만 외우자고. 어떤 날은 수십 개의 단어를 외웠던 적도 있었다. 그렇게 2년이라는 시간이 흘러 JLPT 3급과 2급 시험을 무사히 통과했다. 젊은 유학생들 사이에 껴서 시험을 보는 중년의 모습이 어떻게 비칠지 걱정되었다. 하지만, 언제 이들과 함께 이런 경험을 할 수 있겠냐고 생각하자, 오히려 걱정은 기쁨으로 변했다. 일본어 시험의 마지막 관문이라고 할 수 있는 1급에도 도전했다. 실패했다. 하지만, 실망하지는 않았다. 어떤 목표든 기우제를 지내는 일처럼 계속 도전만 하면 언젠가 통과하리라고 믿기 때문이다. 삶이 항상 나를 그렇게 가르쳤다.

- 나만의 실천 리스트를 만들고 적극적으로 일상에 적용하는 일은 매우 중요하다.
- 어떤 일이든 원하는 결과가 쉽게 만들어지는 법은 없다. 계획한 것을 꾸준하게 실천하는 과정에서 우리가 바라는 성과가 서서히 나타난다.

to think

억대 연봉을 원한다면?

- ◆ 목표를 달성하기 위해 지금 당장 할 수 있는 작은 행동이 있다면 무엇일까?
- ◆ 꾸준하게 실천할 수 있는 환경을 어떻게 조성할 수 있을까?
- ◆ 원하던 일을 하기 위해 내가 진심으로 노력했다고 말할 수 있을까?

to do

억대 연봉을 갈구한다면?

나만의 실천 리스트를 만들어라!

◆ 일찍 일어나기: 충분한 수면을 하고 정해진 시간에 기상하기

◆ 운동하기: 매일 1분 만이라도 맨몸 운동하기

◆ 산책하기: 집 주변과 동네를 산책하며 모르는 동네도 둘러보기

◆ 청소하기: 월, 수요일은 방 청소하기. 정리 정돈으로 스트레스 해소하기

◆ 미소 짓기: 자신의 정서적 안정과 주변 사람들에게 긍정적인 영향 주기

◆ 자신을 칭찬하기: 작은 성과에도 스스로를 칭찬하며 긍정적인 마인드를 유지하기

◆ 책 읽기: 하루에 1페이지씩 책 읽기

◆ 계획하기: 목표를 위한 계획 세우기

◆ 5% 습관 만들기: 모든 일에 5%만 더 노력하기

성공을 부르는 인사이트

 유학 시절, 프로그래밍 테스트 결과에 대해 교수와 대화를 나누던 중 일화다. 나의 발음이 이상했던지, Result(결과)란 영어 단어를 교수가 알아듣지 못해 애를 먹었다. '리절트', '리쩔트', '리설트', '리소트' 등등, 할 수 있는 모든 방법을 총동원해 발음하려고 애를 썼다. 하지만, 결국 포기했다. 스펠링을 종이에 써서 들이대자 그제야 대화를 이어 갈 수 있었다. 그 사건 이후, 발음이 안 되었던 단어들을 매일 밤 천 번씩 발음했다.

 주말마다 미국 십 대들과 어울렸던 적도 있다. 네이티브들과 의도적으로 24시간을 함께 하고 싶었다. 장시간 그들과 있다 보면 뇌의 메모리가 용량을 넘는다. 머릿속이 하얗게 되는 현상을 종종 경험했다. 순간 아무 소리도 들리지 않는다. 발음하기 어려운 단어를 발음해 보라고 시키고 원숭이처럼 나는 그들의 발음을 따라 하며 계속 맞냐고 물었다. 우스꽝스러운 일이다. 하지만, 자신의 성장을 위한 소중한 시간이었다.

4. 그룹에 합류하라

"마음이 전달된 것 같아요. 정말, 괜찮았어."

〈월광 1악장〉 연주를 마친 후, 한 관객이 손뼉을 치며 내게 전한 말이다. 소액으로 작은 음악실을 빌려 피아노 연주를 하고 서로가 느낀 감정을 공유했던 동호회에서의 일이다. 한 사람씩 돌아가며 연주했다. 연주가 끝나면 각자 느낀 감정을 나눌 수 있었다. 무더웠던 여름날 어느 오후. 땀이 흐르고 불쾌감을 느낄만한 상황, 드뷔시의 〈달빛〉이라는 피아노곡이 시원한 에어컨 바람을 타고 흘러나왔다. 마치 한적한 프랑스 전원마을에 있는 버즘나무 밑 그늘진 장소에서 쉬고 있을 때, 살며시 불어오는 산들바람을 연상시켰다.

동호회나 모임에 참가할 때 새로운 사람들과 익숙하지 못한 환경에서 의사소통해야 하는 일이 항상 나는 불편했다. 나의 행동이나 말투에 대한 불확실성에 대해 고민이 많았기 때문이다. 하지만, 이런 불안감과 불편함 때문에 새로운 기회를 놓치게 된다는 것을 알았다. 감정에 과도하게 몰입하면 그런 자리를 꺼리게 되고, 이런 것이 반복되면 새로운 경험의 기회들을 놓치게 되는 것이다.

모임에서 몇 가지 긍정적인 면을 발견했다.

첫째로, 새로운 지식과 경험을 얻을 수 있었다. 예를 들어, 내가 관심이 있는 분야나 취미와 관련된 모임에 참여하고 전문가들과 대화하면서 새로운 자극을 받았다. 전문 지식을 공유받을 수 있었을 뿐만 아니라 새로운 기술을 습득할 수 있는 기회였다. 전문가를 통한 간접 경험은 피아노를 처음 배우는 나에게 감성적인 면에서 성장의 발판이 되었다.

둘째로, 나와 다른 분야의 사람들과 교류하면서 소통 능력이 향상되었다. 감정을 표현하는 방법에서도 색다른 단어의 선택과 조합이 인상적이었다. 언어 사용 방법을 관찰하면서 그들의 언어를 사용하고 싶다는 욕구가 생겼다. 배운 단어를 사용해 보면서 표현 방법이 풍부해졌다고 느꼈다.

어디서 시작하면 좋을까요?

어떤 동호회에 참가하고 싶다면, 주변 지인들에게 먼저 문의하자. 유익한 정보를 기대 이상 많이 얻을 수 있다. 다만, 직접 참여해 보지도 않고 정보만을 가지고 판단하는 것에는 주의해야 한다. 타인에게 들은 정보만으로 모임을 판단하면 모임의 특징을 자세하게 파악하기 어렵다. 정확한 정보를 얻기 위해서라도 자신이 직접 참여해야 한다. 처음에 생각했던 이미지와 아주 달랐다고 말하는 사람들도 종종 많기 때문이다. 동호회 참여를 위해 접근해 볼 수 있는 좋은 방법이 몇 가지 있다.

첫째, 관심 있는 분야를 공략하라.

뉴스에서 다음과 같은 기사를 읽었다고 가정해 보자. "프랑스에서 개발된 플라이보드는 최근 우리나라에서도 새로운 수상 스포츠로도 큰 인기를 얻고 있다. 수상 모터사이클과 호스를 사용하여 물을 뿜으며 수면 위를 시원하게 날아오르는 재미와 기쁨은 마치 영화 속 주인공을 연상하게 한다." 관심이 생겼다면, '관련 자격증은 없을까?'라는 생각으로 접근해 본다. 희소성 있는 분야에 자격증을 취득하면 그 분야에서 두드러진 활동이 가능하기 때문이다. 세계적인 대회는 없는지 확인해 보는 것도 또 다른 접근 방법이다.

둘째, 정보를 수집하라.

검색엔진을 이용해 동호회를 찾아라. 가장 효과적인 정보 수집 방법이다. 호기심이 생기는 모임을 발견했다면, 직접 연락을 취하라. 적극적으로 문의하고 어떤 성격의 모임인지 정보를 취합해라. 최근 나는 일본에 있는 '민단'이라는 민간 단체를 인터넷으로 찾았다. 전화를 걸고 직접 방문도 했다. 단체 관계자들을 만나 내가 몰랐던 민단의 60년 역사도 들을 수 있었다. 이를 계기로 지난달, 7월에는 정기 투어에도 참석했다. 많은 한인과 어울릴 수 있는 좋은 기회였다.

셋째, 지역 커뮤니티 활동에 참여하라.

지역 내 커뮤니티 활동에 참여한다. 마을 회관이나 지역 예술 회관에 가보면 다양한 행사와 관련된 공지가 많이 게시되어 있다. 정기적으로 개최되는 행사뿐만 아니라 계절별 다양한 이벤트까지 우리가 상상하지 못했던 활동들도 많다. 지역 커뮤니티 활동을 통해 봉사활동, 예를 들면 '가로수 심기' 등과 같은 일도 있다. 지역의 주민들과 어울릴 수 있다는 것이 큰 장점이다. 지역에서 활동하다 보면 동네 사람들과도 교류할 수 있는 기회가 많아진다.

넷째, 다양하게 경험하라.

현재 참여하고 있는 동호회나 모임으로부터 만족감을 얻지 못한다면, 이는 기회가 아직 끝나지 않았음을 의미한다. 유사한 다른 모임에 참여하는 것이다. 소속된 단체에 대한 미안함 때문에 불필요한 감정을 낭비하지 말고, 새로운 장소에서 새로운 경험을 쌓는다는 생각으로 참여한다. 같은 분야라도 새로운 장소에서 새로운 사람들과 함께하면 우리는 색다른 경험을 할 수 있다. 기존 모임의 사람들과도 정보를 공유함으로써 새로운 자극제가 되기도 하는 것이다.

억대 연봉을 원한다면?

- 최근 나의 관심을 끄는 동호회는 없었나?
- 현재 참여하고 있는 동호회와 비슷한 다른 동호회는 없을까?
- 주민회관에서 주최하는 축제나 봉사 활동은 없을까?

to do

억대 연봉을 갈구한다면?

- 검색창에 '동호회'라고 검색해서 관심 있는 모임을 찾자.
- 지역 내에서 가까운 관심 있는 동호회나 모임을 추려 보자.
- 오랫동안 참가하지 않았던 동호회에도 참석해 보자.

성공을 부르는 인사이트

피아노 모임에 참가하는 것을 포기했다. 어리숙한 내 연주 실력이 그들의 시간을 낭비할 수 있다는 생각 때문이었다. 사실 초보자가 프로들과 어울리려 했다는 미안한 마음이 컸다. 하지만, 음악을 사랑하는 사람들과 교류하는 시간을 통해, 나는 음악인들에 대한 호기심을 충족시켰다. 명곡을 라이브 피아노 연주로 직접 듣는 흔치 않은 기회도 얻을 수 있어 좋았다.

모임을 그만두기에 몇 주 전, 70대에 가까운 한 노년의 신사와 대화할 기회가 있었다. 손의 마비 증세로 피아노 연주가 점점 어려워진다는 이야기였다. 조금 나를 당황스럽게 만든 얘기였다. 하지만, 대화가 깊어지면서 음악에 대한 그의 열정을 알았다. 다른 연주자들보다 월등히 훌륭했거나 섬세하지는 않았지만, 내 기억 속에서의 만큼은 경이롭고 아름다웠다. 음악을 사랑하는 사람들의 열정은 모임에 직접 참여하지 않으면 알 수 없었던 진정한 가치들이었다.

3부
___

삶을 위한 네 가지 프레임워크

2장에서는 나와 성공한 사람들의 공통점을 바탕으로 삶의 해결책에 초점을 맞춰, 멘탈적인 측면과 피지컬적인 측면으로 접근했다. 멘탈적인 부분에서는 '행복의 가치관'에 대해 고려하며, 삶의 부정적인 사고를 극복하는 방법에 대해 다루었다. 또한, 삶을 현명하게 대처하기 위한 메타인지 능력과 사고력 향상을 위한 방법에 관해서도 소개했다. 피지컬적인 부분에서는 운동의 중요성을 강조했다. 실제로 내 사례를 토대로 어떤 삶의 변화를 이뤄냈는지 공유했다. 더불어 운동의 동기 부여를 위한 구체적인 자극제들을 제시했다.

마지막 3장에서는 성공과 행복을 위한 접근법을 모호한 개념으로 남지 않도록 하기 위해, 삶에서 합리적으로 접근하고 행동하기 위한 방법론을 제시했다. 이를 위해 해방자, 분석자, 실험자, 그리고 현택자(현명한 선택자)라는 네 가지 프레임 전략을 도입하여 체계적으로 접근했다.

해방자 전략에서는 개개인이 가치관과 신념을 바탕으로 삶을 리드하는 것과 경제적으로 자립하는 것에 대해 강조했다. 더불어, 경제적 독립을 위한 구체적인 일자리 찾기와 우리 주변에서도 쉽게 시작할 수 있는 일의 사례들을 소개했다. 사람들과 함께 일하는 것을 어려워하는 사람을 위해 혼자서도 수익을 창출할 수 있는 실용적인 아이디어를 제시했다.

분석자 전략에서는 흥미로운 것을 추구하면서 진정으로 의미 있는 삶을 찾아가는 방법에 관해 설명했다. 자신을 면밀히 분석하고, 충분한 자기 이해를 위한 시간을 갖게 했다. 이를 기반으로 삶의 목표를 설정하고, 일상에서 우리가 힘들게 느끼는 일과 상황 및 감정들을 어떻게 다루어야 하는지 조언했다.

실험자의 전략에서는 우리 사회와 주변 환경을 실험실처럼 활용하여, 사람들과의 의사소통 문제를 극복하는 방법에 대해 해설했다. 상대방에게 나의 의도를 명확하고 효과적으로 전달하기 위한 배경 설명의 중요성을 언급하면서, 구체적인 예시와 사례를 포함해 이해를 돕게 했다. 가족 구성원과의 소통을 개선하고 변화를 끌어낼 수 있는 예시를 제공하여 독자들이 적극적으로 시도할 수 있도록 유도했다.

현택자의 전략에서는 우리가 인생에서 현명한 선택을 하기 위해 합리적이고 확률적인 사고를 해야 하는 중요성에 대해 강조했다. 합리적인 사고에 대한 개념을 설명하기 위해 가중 평균 의사결정 매트릭스라는 방법을 소개하고, 내가 이 책을 쓰는 과정에서 직접 사용했던 방법을 공유했다. 또한, 뇌를 업그레이드해야 한다는 점을 강조하면서, 초보자도 쉽게 시작할 수 있는 훈련법과 연습 방법에 대해 자세하게 서술했다.

1장

해방자:
경제적 독립으로
선택권을 확장한다

1. 삶의 주체자가 되라

주체적인 삶을 살기 위해서는 가치관과 소신이 필요하다. 두 단어의 뜻을 위키피디아와 나무위키에서 찾아 요약하면 이렇다. 가치관이란 도덕적 측면에서 옳고 그름을, 행복 기준의 측면에서는 '행복'과 '불행'을 판단하는 기준이다. 소신이란 '굳게 믿고 있는바, 또는 생각하는바'라고 나온다. 주체적으로 삶을 리드하기 위해서는 자신이 행복하다고 정의한 것을 옳다고 믿는 것이다. 아리스토텔레스는 가치관이 삶의 의미를 찾는 데 중요하다고 했다. 이는 삶의 목적을 알게 해 주고 우리의 행동을 이유 있는 행동으로 만들기 위해서라는 것이다.

융자와 마주한 초등학생

한국에서 직장 생활을 처음 시작했을 때, 급여통장과 재테크(흔히 계)에 관한 관리는 부모가 대신했다. 변명하자면, 부모님이 자신의 퇴직금을 자식인 나에게 모두 투자했기 때문이다. 투자에 대한 배당금으로 부모가 금전을 관리하는 것이 당연하다고 믿었다. 문제는 결혼 후 스스로 돈 관리를 시작해야 했는데, 경험이 없어서 어떻게 해야 할지 몰랐다. 나이가 서른을 넘었어도 금융에 대한 가치관이 딱 초등학생 수준이었다.

어느 날, 은행에서 대출 만기 관련 안내서가 날아왔다. 금융 지식이 초등학생 수준인 나에게 엄청난 일이 발생한 것이다. 안내서를 들고 무작정 은행을 찾았다. 대출 만기 안내서를 들이대니, 은행 직원은 대출금액(약 5,000만 원)을 갚아야 다시 대출이 가능하다고 했다. 금융 지식이 전혀 없던 나는 직원의 설명에 어리둥절했다. '대체 그 큰돈을 당장 어디서 마련해 오라는 거야?' 서너 개의 신용카드 대출로도 감당하기 어려운 금액이었기 때문이다. 앞이 깜깜했다. 은행 직원에게 '배 째라'는 식으로 말을 던졌다.

나: "당장 돈도 없고, 그럴 능력이 없는데 용…."

은행 직원: "고객님 우선 대출 금액을 상환하셔야 합니다."

나: "네, 알겠는데. 난 돈 없다니까요?"

은행 직원: "먼저, 남은 대출 금액을 상환하셔야…."

은행 직원과 대화가 몇 번 오고 가던 상황에서 뒤에서 듣고 있던 상사가 내게 말을 건넸다.

은행 상사: "고객님, 별도의 수수료를 지불하셔야 연장이 가능합니다."

처음 돈을 상환하라는 말에 식겁해 '돈을 어디서 마련해야 하나…'라고 별의별 생각을 다 하고 있었는데, 은행 상사의 대답이 너무 심플 해서 어안이 벙벙했다. '헐? 장난해?' 수수료를 지불하면 연장이 가능하다고 할 소리를 뭘 이렇게 빙빙 돌리면서 말했는지 몰랐다. 대출 상환 만기에 놓인 고객에게 연장 수수료를 받기 위해 흔히 하는 방식일지 모르겠다. 하여간 참 어이가 없었다. 신용카드를 발급받고 입출금하는 일이 은행 업무의 전부라고 생각했던 내가 대출 상담을 받았던 순간만큼은 마치 정오의 공포체험일 수밖에 없었다.

지금 돌이켜 보면 대출 상환을 위해 시중 은행들을 자세하게 조사했더라면 어땠을까 싶다. 여러 은행의 금리를 알기 위해 발품을 팔았더라면 말이다. 아마도 좋은 조건으로 새로운 대출을 받을 수 있었을는지도 모른다. 그동안 부모덕에 잘 살았다. 수도세, 전기세, 그리고 각종 세금이 어디에 얼마큼 들어가야 합리적인지 판단도 못했으니 말이다. 인생 30년이라는 시간이 한심함을 넘어 애처롭기까지 하다.

대출을 공부한 초등학생이 이해한 일본의 장기 융자 시스템

한국에서의 작은 대출 경험과 일본에서 융자 시스템에 대한 공부가 금융에 관한 가치관을 형성하는 밑거름이 됐다. 일본에서는 보통 집을 구입할 때 35년의 장기 융자를 받는다. 대출과 이자 금액 차이를 비교하기 위해서는 최소 3개 이상의 은행과 상담하고 결정해야 한다. 고정금리

(10, 20, 35년간 금리 고정)로 할지 아니면 변동금리(3, 6, 12개월마다 변경)로 할지 계산을 해 보고 본인에게 유리한 은행을 선택한다. 35년간 금리의 변동이 우려된다면 고정금리가 답이다. 하지만, 고정금리는 변동금리보다 서너 배나 비싸다. 초보자라면 금리에 대한 지식이 부족해 판단하기 쉽지 않다.

판단 기준은 본인의 상황과 조건, 그리고 상환 기간을 고려해야 한다. 당시 내가 주택 마련을 위해 확인했던 정보는 다음과 같다.

▶ 고정 금리 평균 2~3%.
▶ 변동 금리 평균 1~2%.(과거 1996년경부터 2023년 현재까지 변동금리가 고정 금리를 넘은 적이 단 한 번도 없었다. 단, 금융위기 2008년을 제외한다.)
▶ 영주권이 없는 경우, 변동 금리라도 높다. 영주권을 발급받아야 일본 국내인과 동일한 금리로 대출을 받을 수 있다.
▶ 주택 구입 활성화를 위해 일본 정부는 10년간 대출 이자를 거의 전액 보조한다.
▶ 주거래 은행이 대출 금리에 가장 유리한 조건을 제시한다.

결론적으로 변동 금리가 나에게는 최선의 선택이었다. 하지만, 혹시나 하는 마음에 부동산에 문의했다. 부동산은 주택 거래에서 발생하는 이윤은 물론, 융자를 위한 고객과 은행 사이에 대출을 알선하고 수수료도 챙긴다. 계약만 성사되면 막대한 수수료를 챙길 수 있다는 의미이다. 문의에 친절하지 않을 이유가 없었다. 최근 변동금리의 추세와 금리 선택에 대한 사람들의 경향성을 확인하고 최종적으로 변동금리를 선택했다.

10년 동안 대출을 갚기 위해 생활비를 절약하며 저축했다. 자사 주식을 구입해 받은 배당금과 함께 모은 목돈으로 대출을 모두 상환했다. 기적이었다. 혹자들은 적금과 배당금을 시드 머니로 주식과 부동산에 투자했다면 큰 이익을 얻을 수 있었을 것이라고 했다. 하지만, 나의 소신에 따라 주식과 부동산에는 투자하지 않았다. 공부가 부족하고 리스크가 높다고 판단했기 때문이다. 어찌 되었든 간에 대출 상환을 마쳤다. 이를 계기로 문제에 대한 해결 방법에는 정답이 존재하지 않는다고 믿었다. 내가 선택한 방법으로 문제가 해결된다면 그것이 옳은 길이요, 참이다.

앙증맞은 헤비메탈의 소신

가치관에 관해 이야기를 하다 보니, 잠시 우리 회사 직원이 생각났다. 살짝 삼천포로 빠져 보겠다. 미국 본사에 근무하고 있는 한 개발자의 얘기다. 그는 매년 일본을 방문한다. 목적은 단 한 가지, 여자 아이돌의 콘서트 투어에 참석하기 위해서다. 몇 년 전 일본 사무실에 잠시 방문해 인사를 나눴다. 처음 상상했던 성실한 외모의 프로그래머 모습이 아니었다. 영락없이 헤비메탈에 심취한 기타리스트처럼 보였다. 긴 금발 머리와 딱 붙는 가죽바지에 허리띠 아래로 줄줄이 떨어지는 쇠줄들의 옷차림이었기 때문이다. 그의 페이스북에서 몇 장의 사진을 보았다. 여자 아이돌과 함께 앙증맞은 포즈가 담겨 있었다.

그가 비정상적이라거나 이상한 사람이라고 말하고 싶은 게 아니다.

우리는 서로 다른 가치관과 소신으로 살아간다는 것을 얘기하고 싶은 것이다. 매년 큰 비용을 지불하고 일본에 방문하는 일은 그의 가치관에서 나오는 행동이다. 그의 관점에서는 극히 정상적인 것이다. 물론, 나의 가치관은 그와 다르다. 마찬가지로 그도 내 가치관을 이해하지 못할 수 있다. 우리는 각자 삶에서 가장 가치 있는 것을 선택하고 옳다고 믿는 것뿐이다.

- 삶을 리드하기 위해서는 자신만의 가치관과 소신이 필요하다.
- 가치관의 옳고 그름은 자신이 판단하고 선택하는 문제일 뿐이다.

to think
억대 연봉을 원한다면?

- ◆ 나의 가치관과 소신은 무엇인가?
- ◆ 현재 나의 가치관은 소신은 왜 중요한가?
- ◆ 삶의 주체자가 되기 위해 지금 해야 할 일은 무엇인가?

성공을 부르는 인사이트

　학창 시절 때까지는 전적으로 우리는 부모에게 경제적인 측면에서 의존해야 했다. 이는 많은 결정권을 부모에게 양보하고 그들의 결정에 따를 수밖에 없었다. 하지만, 성인이 되고 경제적으로 독립하면서 그 결정권들을 우리가 독점하게 된다. 스스로 결정할 수 있는 자유를 얻는 것이다. 결정할 때는 '맞다.'와 '틀리다.'라는 이분법적인 정의에 얽매이지 않아야 한다. 정한 목표와 가치관에 따라 삶을 스스로 통제하는 것이 중요하다. 선택의 결과가 만족스럽지 않을 수 있다. 오히려 상황이 악화될 수도 있다. 하지만, 선택과 실패를 통해서만 성장한다는 사실을 명심해야 한다.

2. 생활의 독립자가 되라

　가치관과 소신을 바탕으로 우리가 삶을 주체적으로 이끌 수 있다는 점을 앞에서 언급했다. 선택의 상황에서는 스스로 정한 판단 기준에 따라 결정하고 믿음을 갖는 것이 중요하다고 강조했다. 이러한 가치관과 소신을 강화하는 핵심 원동력은 무엇일까? 경제적 자립이다. 우리가 경제적인 측면에서 스스로 해결한다는 것을 의미하며, 더 이상 누군가에게 금전적으로 의존을 하지 않는다는 의미다. 이를 위해서는 노동과 가치를 시장에 제공하고, 그에 상응하는 보상으로 돈을 받아야 한다.

　"일을 찾아라!"라고 하면 고개를 절레절레 흔드는 사람이 있다. "일할 곳이 없어요."라고 말하면서 말이다. 일할 곳이 없다는 말은 아직 충분한 노력을 기울이지 않았거나 자신의 상황을 개선하려는 의지가 부족하기 때문에 나오는 말이다. 법무부 홈페이지에서 외국인 노동자 수만 봐도 일할 곳이 없다는 말은 논리적으로도 설득력이 없다. 연도별 5년간 「취업 자격 체류 외국인 현황(2022년 말 기준)」을 보면 취업 자격 체류 외국인은 449,402명으로 전년 대비 16.3%가 증가했다. 불법으로 일하는 외국인들까지 감안한다면 이 숫자는 최소 두 배가 넘을 것이다. 우리 주변에서도 다문화 가정을 어렵지 않게 발견하는 것을 보면 알 수 있다.

(단위: 명)

구분	2018	2019	2020	2021	2023
전문 인력	46,851	46,581	43,258	45,143	50,781
단순 기능인력	548,140	520,680	409,039	361,526	398,621

까놓고 말해, 일할 장소가 없는 게 아니라 본인이 기대하는 수준의 직장 환경이 아니기 때문에 에둘러서 표현할 뿐이다. 물론 좋은 환경에서 일을 하려는 것이 잘못된 것은 아니다. 다만, 내가 바라는 환경은 누구나 좋아할 확률이 높다. 경쟁률은 높을 수밖에 없다. 본인이 특별한 능력을 갖추고 있지 않다면 선택받을 확률은 낮을 수밖에 없다. 모든 사람이 희망하는 직장에 입사할 수 없는 이유다. 계속된 실패와 어두운 상황에 자포자기하면서 말한다. "이생은 망했다."라고 말이다. 아니다!

먼저 할 수 있는 일과 거부감이 적은 일부터 시작해라! 그리고 희망하는 일을 위해 목표를 정하고 전략을 세워라. 어리석게 한 우물만 파려고 한다거나, 자신의 부족한 실력을 깨닫지 못하면서 왜 나만은 안되는지에 대한 넋두리는 무의미하다. 잠시나마 희망하는 일을 뒤로하고 시작할 수 있는 일부터 시작한다. 나도 안다. 현재 하는 일이 희망하는 일이 아니라는 것을. 하지만, 계획한 일에서 잠시 벗어난다고 너무 심각해야 할 필요는 없다. 희망의 끈을 놓지 않고 행동을 멈추지 않으면 목표 달성은 시간 문제이기 때문이다.

나라와 인종 관계없이 식기세척기만 찾는 놈들

생활비를 마련하기 위해 학교 식당에서 아르바이트했다. 식기세척기에 들어갈 수 있는 사이즈의 접시와 그릇들은 기계로 세척하고, 나머지는 직접 손으로 닦아야 했다. 일을 하면서 기계로 세척하는 일이 손쉽고 훨씬 편하다는 것을 알았다. 사각 플라스틱 박스에 접시를 넣고 돌리기만 하면 되는 작업이었기 때문이다. 문제는 아르바이트하는 대부분의 학생이 나라와 인종 관계없이 모두가 식기세척기를 선호했다는 것이다. 손세척이 필요한 프라이팬이나 김칫독만 한 크기의 용기는 그 누구도 손을 대지 않았다. 어느 순간부터 이들은 나와 내가 아는 한국인 친구의 몫이었다. 암묵적으로 용기와 프라이팬을 닦는 전담팀이 되었다. 하지만, 이런 일이 싫다고 관둘 수가 없었다. 생활비가 필요했고, 누군가는 꼭 해야 할 일이라고 믿었다. 우리라도 이 일을 하고 있으니, 학교 식당이 그나마 잘 돌아간다며 자신을 위로하기도 했다.

학교 식당에서 일할 때 가끔 대화를 나누던 미국인 친구가 생각나, 또 잠시 삼천포로 빠진다. 아르바이트를 마치고 여름 소나기에 맞은 듯 땀으로 범벅이 된 나는 식당 한구석 테이블을 차지하고 쉬곤 했다. 금요일 점심쯤이면 항상 이 녀석이 내 옆 테이블에 와서 식사했다. 팬케이크였다. 내가 금요 특식에 먹을 수 있는 99센트의 햄버거와는 차원이 다른 고급 메뉴였다. 갓 이십 대가 되었다고 했던 그는 베컴을 닮았었다. 항상 힙합 스타일 바지와 모자를 쓰고 다녔다. 그는 도시 근교의 레스토랑에서 웨이터로 일을 한다고 했다. 급여보다 많은 팁을 받는다고도 했다. 그는 영어가 모국어인 사람이었지만, 함께 영문법 수업을 수강하고 있던 터라 '문법이 안되는 미국 사람도 있구나….'라고 신기해했다. 가끔은 그가 선심으로 99센트짜리 햄버거를 내게 사주었던 일은 기억이나 할까?

방학 중에는 한인 교회 지인을 통해 일자리를 소개받았다. 편의점과 주유소를 함께 운영하는 곳이었다. 학교에서 30km 정도 멀리 떨어진 한적한 마을이라 망설였지만, 아르바이트 비용과 숙식까지 제공한다는 말에 수락했다. 편의점에서의 일은 매일 부족한 물건을 보충하는 것이었다. 고객이 찾는 물건이 떨어지지 않도록 음료수, 과자, 빵 등의 상품들을 상시 채워야 했다. 무더운 여름, 편의점 냉장고에 들어가는 일이 싫었다. 추운 장소에서 무거운 음료수 박스를 이리저리 옮기고 물건을 채우다 보면 체력 소모가 많았기 때문이다. 담배의 종류도 외워야 했고 식품의 유통기간을 일일이 확인하고 물건들을 폐기하는 일이 꽤 많았다.

주유소도 함께 운영했기 때문에 주유소 관리를 위한 지식도 필요했다. 자동차에 사용되는 연료는 크게 가솔린과 경유로 나뉜다. 가솔린의 경우는 고급 휘발유와 일반 휘발유로 나뉘고 경유는 트럭과 같은 디젤엔진을 탑재한 차량에 사용되는 연료다. 우리가 타는 차량은 대부분 가솔린 자동차라 가솔린을 넣어야 한다. 가솔린도 고가인 차량에 들어가는 고급 휘발유(하이 옥탄의 가솔린)를 넣는다. 보통의 차들은 일반 가솔린이다. 주의할 점은 기름혼합 사고(경유차에 가솔린을 넣거나 그 반대인 경우)가 일어나지 않도록 주의해야 한다. 주유 구멍 뚜껑에 보면 어떤 기름을 넣어야 하는지 적혀 있다. 반드시 확인해야 한다. 주유소에서 후불제 서비스를 제공했는데, 기름만 넣고 도망가는 미국 사람들도 있었다. 멀쩡하게 생긴 사람도 국적을 막론하고 별의별 사람들이 다 있다. 어느 날, 편의점 사장이 조용히 나를 밖으로 불렀다.

사장: "잠깐 이리 와 보게."

나: "아 네…."

사장: "학생, 쭉 지켜보고 맘에 들어서 하는 얘긴데, 자네 학비와 숙식을 책임져 줄 테니 나와 일 한번 해 볼 껴?"

나: "에? 아, 제의는 감사합니다만, 공부하면서 일을 병행하는 게 쉽지 않을 것 같아서요. 죄송합니다."

사장: "일만 잘되면 자네도 편의점 하나 차리고 여기(미국)에 쭉 눌러앉으면 좋잖아. 안 그래?"

나: "감사합니다만, 나름대로 계획도 있어서요. 인연이 되면 다음에 꼭

그렇게 하고 싶네요."

　나의 우선순위는 공부였다. 편의점 사장의 제안을 거절할 수밖에 없었
다. 만일, 그의 제의를 받았다면 내 삶은 또 어떤 길에서 무엇을 하며 살
고 있었을까? 혹시 어떤 미국 교포와 결혼했을까? 아니면 나와 같은 처
지의 유학생을 만났을까? 당시 선택에 따라 지금과는 또 다른 운명을 맞
이했었을지 모른다. 쓸데없는 상상에 잠시 빠져 본다.

경제 자립을 위한 준비

　지인이 일하는 장소에서 일을 찾는 방법이 이상적이다. 직업 환경이나
업무에 대해서도 상세히 물어볼 수 있고 자신의 성향과 맞는지도 미리
짐작해 볼 수 있기 때문이다. 지금 머리에 떠오르는 사람이 있나? 만일,
있다면 시작하라! 일단, 이야기를 들어보라. 기대하지 않던 곳에서 뜻밖
의 기회를 만날 수도 있다. 선입견을 버리고 직접 관계자와 만나 대화를
해 보고 판단해도 좋다.

　검색엔진으로 일할 장소를 찾는 방법도 있다. 평일이나 주말만 일할 수
있는 장소나 시간별 장, 단기의 아르바이트로도 정보를 찾을 수 있다. 다
음과 같이 조건별로 검색해 보고 검색 조건을 확장해 가면서 찾아보자.

▶ 조건 1 – 지역: 업종, 근무 시간, 근무 요일

▶ 조건 2 – 업종: 외식, 유통 판매, 서비스, 생산, 건설

조건을 입력하고 원하는 지역과 희망하는 근무 형태로 검색하면, 기대하지 않았던 일자리가 많이 있다는 것을 알게 된다. 흥미 있는 분야나 본인이 잘할 수 있을 것 같은 업종의 아르바이트가 있다면 선택한다. 다음과 같은 업종의 일들은 어떤가?

▌펫시터가 되어라.

애완동물 돌보기나 강아지 산책을 좋아한다면 생활비도 벌고 반려견과 어울릴 수 있는, 도랑 치고 가재 잡는 격이다. 동물과 함께하면서 돈을 벌 수 있어 인기 있는 일이다. 펫시터의 근무 형태는 크게 세 가지로 나뉜다. 첫 번째로는 산책 돌봄, 두 번째는 위탁 돌봄, 세 번째로는 방문 돌봄이다. 주인이 없는 시간 동안 애완동물을 돌볼 책임, 먹이 주기, 걷기, 교제 제공 등이 포함된다. 반려동물 펫시터 웹 사이트에서는 본인의 조건과 예약 가능 여부를 설정할 수 있다. 일정을 관리하는 데 도움이 되는 다양한 도구도 제공한다. 시간과 옵션에 따라 요금을 선택할 수도 있다. 단, 동물 돌봄에 대한 경험과 지식이 필요하고 비상사태와 같은 예상치 못한 상황에 대처할 수 있는 능력을 갖추어야 한다. 애완동물 관리 서비스를 제공하기 위해서 보험에 가입해야 하거나 허가를 받아야 할 수도 있으니 미리 알아 두자.

▌남는 방을 임대하라.

에어비앤비(Airbnb, Inc.)와 같은 사이트는 세계 최대의 숙박 공유 서비스로, 192개국 3만 4,800여 개의 숙소를 중개하고 있다. 이 회사는 2013년 1월 29일 대한민국에 진출했다. 매초 수많은 예약 건들 이 발생한다. 주택 소유자가 여분의 방, 아파트 또는 집 전체를 여행자에게 임대할 수 있는 온라인 서비스다. 인기 있는 관광지나 수요가 높은 도시에 거주하는 경우, 임대료로 돈을 벌 수 있는 좋은 방법이다. 숙소 사진, 객실 또는 거주지에 관한 설명, 이용 가능 여부 및 가격과 같은 세부 정보가 포함된 목록을 만들고 설정해 게스트를 관리하는 일이 전부다.

▌카 셰어링은 어떤가?

국내 카 셰어링 회사(Zipcar)는 개인이 보유한 차량을 대여할 수 있다. 차량 소유자가 사용하지 않는 시간에 수입을 창출할 수 있는 것이다. 대여자는 필요한 시간에 필요한 차량을 저렴하게 대여할 수 있는 이점이 있다. 차량의 정보를 등록하고, 대여 가능한 시간대와 희망하는 요금을 설정한다. 대여 수익은 차량 소유자가 전액을 받게 되며, 카 셰어링 회사는 수수료를 받는다. 대여자와 차량 소유자가 서로에 대한 서비스 평가 점수를 남길 수 있다. 단, 사고 발생 시 책임 소지의 문제가 있을 수 있으니 보험과 관련하여 주의 사항을 잘 확인해야 한다.

편집 없는 유튜브 동영상을 만들어라.

요즘 유튜브를 하는 일반인들도 많다. 다만, 개인이 잘 아는 분야와 영상에 손이 덜 가는 것으로 시작하는 것을 추천한다. 손이 덜 간다는 말은 동영상 편집 없이 콘텐츠를 지속해서 생산해 낼 수 있어야 한다는 의미다. 처음 유튜브를 시작하면 의욕에 넘쳐 본인이 아는 내용을 모두 콘텐츠로 제작한다. 하지만, 점차 소재가 떨어지면서 편집 시간에 너무 많을 시간을 소비하다 보면 쉽게 지쳐버린다. 나는 '단순한 방법으로 유튜브 동영상을 만들 방법은 없을까?'라고 생각하다가 이렇게 유튜브를 시작했다.

'study with me'이나 'work with me'이라는 주제의 콘텐츠로 동영상을 만들었다. 편집하지 않고 섬네일도 제작하지 않았다. 다만, 에피데믹 사운드에서 1년 동안 유료 계약(10만 원 정도)의 음원비를 지불하고 내 유튜브 계정과 연결해 음원을 무료로 사용했다. 동영상 제작은 매우 간단했다. 무료 툴인 오비 스튜디오(OB studio)를 이용해 음악을 들으면서 녹화했다. 녹화가 끝나면 PC에 저장된 파일을 유튜브에 업로드하는 일이 전부였다.

나만의 핸드메이드 물건을 팔아라.

자신만의 독특한 상품을 판매하는 방법이다. 예를 들어, '아이디어스' 라는 사이트를 통해 본인이 직접 만든 요리, 액세서리, 향수 등 다양한 상품을 판매하면서 인기 작가로도 활동할 수 있다. 이 사이트는 창작자와 사용자를 직접 연결해 주는 공간이다. 창작자는 본인만의 독창적인 상품을 제작하여 어필할 수 있다. 사용자는 창작자가 만든 상품을 중간 유통 없이 바로 구입할 수 있어 좋다.

- 가치관과 소신이라는 집을 지탱하기 위한 기반은 경제적 자립이다.
- 경제적 자립을 원하는데 할 수 없다고 말한다면 핑계일 뿐 욕망에 불과하다.
- 용기가 없다면 경제적 자립은 몽상에 불과하다.
- 경제적 자립이 없다면 삶의 주도권을 타인에게 맡길 수밖에 없다.

to think

억대 연봉을 원한다면?

◆ 경제적 독립을 하려면 내게 필요한 것이 무엇일까?

◆ 경제적 독립을 위해 실질적으로 조언해 줄 수 있는 지인은 누굴까?

◆ 생활비 마련을 위해 당장 내가 할 수 있는 일은 무엇인가?

to do

억대 연봉을 갈구한다면?

◆ 일자리 관련 플랫폼에서 흥미로운 일을 찾아라.

◆ 이력서 준비가 되지 않았다면 바로 작성하라.

◆ 마음에 드는 아르바이트가 있다면 지금 연락하고 문의하라.

성공을 부르는 인사이트

천 원의 가치나 백만 원의 가치는 직접 노동을 하고 얻어 낸 사람들만이 알 수 있다. 노동은 금전적인 면뿐 아니라 경험의 가치를 제공한다. 희망하는 일에 투자 비용을 마련하고자 한다면 무엇이든 상관없다. 단, 범죄로 인한 소득이 아니라면 말이다. '이것이 아니면 안 된다'는 생각으로 세상을 보지 마라! 검도를 배우고 싶으면 학원에 가면 되고, 학원 비용이 필요하면, 펫 시터가 되면 된다. 작은 목표라도 달성하면 우리의 자존감은 올라간다. 이는 더 큰 도전에 용기를 내는 힘의 근원이 된다. 덜 생각하고 실행하는 일이 우선이다. 작은 시작도 괜찮다!

2장

분석자:
나를 알아야
비밀이 풀린다

1. 마음의 나침반을 보라

　진정으로 원하는 것은 무엇인가? 마음속 깊은 곳에서 조용히 스스로에게 물어봐라. 원한다는 것은 무엇인가를 바라거나 소유하고 싶다는 의미를 담고 있다. 또한, 삶을 원하는 방향으로 이끌고 싶다는 의미이기도 하다. 내가 어떤 행동을 하면 웃음 짓게 되는지, 어떻게 살면 행복할지 상상해 보면 알 수 있다. 물론, 사람 중에는 바라는 일이 없다고 말하는 사람도 있다. 이 역시 자연스러운 현상이다. 우리가 모두 동일한 생각과 목표로 살지는 않기 때문이다. 때로는 원하는 것이 없는 사람은 삶을 오히려 남들보다 덜 고통스럽게 산다고 볼 수도 있다. 그러나, 이 책을 읽고 있는 독자라면 자신이 무엇을 원하는지 알고 싶을 것이며, 이를 위해 무엇을 해야 하는지 궁금해할 것이다. 새로운 도전에 대한 욕구를 갖고, 끊임없이 스스로를 탐구하고 있는 사람이기 때문이다.

　"사랑하는 사람을 찾듯이, 사랑하는 일을 찾아라!"

　스티브 잡스가 스탠퍼드대학 연설에서 한 말이다. 관심사였던 서예 과목을 수강할 수 있었던 유일한 방법은 대학을 자퇴하는 일뿐이었다고 회상했다. 학교에 다니려면 필수 과목을 신청해야 했고, 그러면 서예 과목을 들을 수가 없었다. 결국, 그는 자퇴했고 관심 있던 서예 과목을 수강했다. 이 과목을 수강한 지 10년 후, 그에게 어떤 일이 일어났을까? 그가 최초로 만든 컴퓨터 맥(Mac)에 우아하고 다채로운 서체들을 적용할 수 있었다. 이는 마이크로소프트 윈도에도 영향을 주어 다양한 많은 서체가 적용될 수 있었다는 이야기다. 스티브의 작은 관심과 흥미가 우리가 현재 사용하는 컴퓨터 서체의 역사를 만들었다. 우리의 단순한 호기심이 미래 우리의 역사를 바꿀 수 있다는 생각을 해 본 적은 없나?

불혹을 넘어 피아노 배우기

"어떤 곡을 연주하고 싶으세요? 클래식, 재즈, 가요?"

내가 불혹을 넘어 피아노 선생과 처음 만난 순간, 받았던 질문이다. '도레미파솔라시도'의 음계만 얼추 알던 내가 피아노를 배우겠다며 회사 근처에 있는 음악 교실에 등록했다. 그저 '피아노를 연주하고 싶다'는 욕망뿐이었고, 그 이상의 의미는 없었다. 굳이 이유를 찾자면 유년 시절 우리집이 세를 들어 살던 집에 집주인 아들놈 때문이었을지도 모르겠다. 매주 개인 피아노 레슨 선생이 그 집에 방문했다. 아들놈에게 피아노 연습을 시키기 위해서였다. 피아노 오른편에는 공부하는 책상이 놓여있고, 피아노 연습 시간이면 항상 과일 한 접시가 정성스럽게 놓여 있었다. 가끔 그의 레슨을 구경하기도 했었는데 이 아들놈이 언제나 피아노 연습이 싫다며 구시렁대곤 했다. 그의 모습을 보며 매번 나는 생각했다. '누구는 배우고 싶어도 없어서 못 배우는데 이놈은 행복에 겨운 소리만 하는구나.' 어른이 되고 동경하던 꿈 하나를 버킷 리스트에서 꺼낸 게 아닐까 싶다.

월광 1악장 완성하기

내 손가락 하나하나를 타고 베토벤의 음악이 흘러나온다면 기분이 어떨까? 어릴 적 어떤 외국 드라마에서 한 흑인 소년이 피아노를 연주했다. 그 음악은 내 전신을 뒤흔들 듯 강한 인상을 남겼다. 성인이 되고 그 곡이 베토벤의 〈월광 1악장〉이라는 사실을 알았다. 이 곡을 연주해 보고 싶었다. 악보도 볼 줄 모르는 마흔을 훌쩍 넘은 '아자씨'가 5분 이상의 명곡을 연주하겠다니 말이나 되나 싶었다. 하지만, 흉내라도 내고 싶었다. 우선 이 곡을 목표로 삼기로 했다. 음악 교실에서 몇 주 동안은 음악에 대한 기본 개념을 배웠다. 악보를 구입해 연습을 시작했다.

아이들을 위해 구입한 전자 피아노는 어느새 내 전용 악기가 된 지 오래였다. 매일 연습하고 또 연습했다. 괴로웠다. 그제야 과거 그 아들놈의 심정을 이해했다. 악보 한 소절을 연주하는 데 수일씩 걸렸다. 손가락 위치가 엉키면 몸이 불편한 사람처럼 건반을 두드렸다. 몇 달이란 시간이 지났고 가족들도 슬슬 나의 연습곡에 지쳐갔다. 아무리 좋은 음악이라도 매일 듣다 보면 고문처럼 느껴지는 법이다. 미안했다. 하지만, 이미 정한 목표를 달성하기 위해서는 가족의 양해를 구해야 했다. 반년이란 시간이 흘렀다. 하지만, 여전히 실수하는 곳에서는 언제나 동일한 실수를 반복했다. '왜 시작한 거지?'라는 푸념을 하기 시작했다. 나는 참 어렵게 사는 인생이구나 싶었다.

이왕 시작한 이상, 이 곡을 완성하고 싶었다. 자주 연주가 틀리는 소절에서는 피아노 선생에게 양해를 부탁해 동영상으로 녹화했다. 어떤 손가락으로 어떻게 건반을 누르는지 확인했다. 그렇게 1년을 보냈다. 불가능하게 보였던 〈월광 1악장〉이 어느새, 내 손가락을 타고 흘러나왔다. 악보 없이도 수백 개의 건반을 외워서 연주했다. '불가능'이 '가능'으로 바뀌며 자신감을 가졌다. 용기가 지나쳤는지 피아노 동호회에까지 참가했다. 수천만 원짜리 그랜드 피아노, 스타인웨이(Steinway & Sons)를 만났다. 아무리 초짜라도 피아노의 깊은 소리를 알 수 있었다. 작은 연주회에서 청중을 앞에 두고 연주할 기회도 가졌다. 긴 여정을 거쳐 탄생한 베토벤의 〈월광 1악장〉은 내게는 큰 선물이었다.

우리가 어떤 것에 흥미를 느끼는지 알 수 없기 때문에 다양한 경험이 필요하다. 여행하거나 새로운 환경에 노출되면 자신의 취향을 발견하고 연구하게 된다. 새로운 장소와 분야에 우리가 흥미를 갖는 것은 인류가 자연에서 살아남기 위해 필요했던 생존 본능에 기인한다. 이를 잘 활용하면 우리는 더 나은 방식으로 세상을 탐구하고 자신을 성장시킬 수 있다. 새로운 환경에 자신을 어떻게 노출할지 방법에 대해 알아보자.

수동적 흥밋거리 찾기

새로운 음악 듣기: 다양하게 음악 장르를 탐구해 보는 것은 나의 새로운 취향을 발견하는 최고의 방법이다. 유튜브나 스트리밍 서비스를 이용해 지금껏 듣지 않았던 새로운 음악 장르만을 시도해 본다. 생소한 음악 장르에서 새로운 재미를 찾을 수 있다.

요리하기: 요리하는 것도 나의 취향을 발견하는 좋은 방법이다. 검색 엔진을 통해 무료로 공개된 다양한 레시피를 사용하여 새로운 요리에 시도하면 요리의 맛은 물론 가족이나 친구와 함께 나누며 기쁨을 느낄 수 있다.

영화나 드라마 시청하기: 요즘은 넷플릭스나 아마존 프라임과 같은 스트리밍 플랫폼을 통해 무수한 영화, 드라마, 다큐멘터리를 무제한으로 즐길 수 있다. 하지만, 무엇을 볼지 결정하는 데 너무 어려움을 겪는다. 콘텐츠의 양에 압도되어 선택하는 일이 쉽지 않기 때문이다. 이럴 때는 무작위로 선택해 보자. 무작위 시청 방식을 통해 예상치 못한 새로운 이야기에 매료될 수 있다.

독서: 흥미로운 분야, 관심 있는 주제, 그리고 좋아하는 작가를 찾아보자. 혹은 평소 읽지 않던 인문학, 역사, 자연과학 등 다양한 분야의 책들을 시도한다. 새로운 지식을 습득하고 다양한 간접 경험이 가능하기 때

문이다. 독서의 과정에서 새로운 아이디어를 찾고 자아를 성장시킬 수 있다.

관찰: 선호하는 동물이나 곤충을 관찰하는 일이다. 관찰하고 보살피다 보면 흥미로운 현상과 사실을 발견한다. 예를 들면, 한 무리의 벌 군집에서 또 다른 한 마리의 여왕벌이 탄생하기도 하는데, 이런 경우 여왕벌들끼리 교전을 하다 죽는다. 혹은 무리가 두 개로 분할되기도 한다. 벌 군집의 생태계와 사회 구조에 관해 관심을 가지다 보면 새로운 세계에 빠질 수 있다.

능동적 흥밋거리 찾기

새로운 도시 방문하기: 새로운 지역, 도시나 새로운 나라를 방문하는 일은 다양한 문화와 사람들을 접하며, 신선한 자극을 얻을 수 있는 가장 멋진 방법이다. 우리는 새로운 장소에 매력을 느끼게 되고 자극받는다.

미술 작품 감상하기: 전시회에서 미술 작품을 감상한다. 개인이 좋아하는 예술적 요소를 발견하는 데 도움이 된다. 미술관과 전시회에 참여하여 선호하는 작가나 장르를 찾아보는 것도 좋다. 전시회에 따라 모조 미술품을 판매하기도 한다. 저렴한 가격으로 유명 작가의 미술품을 집에 전시하며 감상할 수 있다.

스포츠에 참여하기: 스포츠 활동에 참여하는 것은 몸으로 직접 체험할 수 있는 좋은 기회다. 좋아하는 새로운 분야를 발견하는 데 도움이 된다. 한강에서 자전거 타기, 등산, 스쿼시, 당구, 암벽등반, 스쿠버 다이빙, 서핑, 스케이트보드 등을 시도해 볼 수 있다. 직접 체험하면서 진정한 가치를 발견해 보기 바란다.

새로운 사람들과 만나기: 동호회나 모임을 통해 새로운 사람들을 만나는 일은 다양한 인간관계를 형성하고 나와 다른 사람들을 연결하는 좋은 방법이다. 단, 많은 사람을 알아야 한다고 스스로를 너무 푸시하지 말고, 선호하는 사람들과 어울려라. 그들이 나의 새로운 잠재성을 발견하도록 도울 것이다.

새로운 일에 도전하기: 본인의 잠재력을 발견하는 일이다. 예를 들어, 동물 보호소 봉사, 장애인 돕기 등의 봉사활동과 새로운 프로젝트에 도전하는 일이다. 도전은 나의 활동 범위를 넓혀 세상을 다양하게 탐험할 수 있는 절호의 기회를 제공한다. 도전하는 자세로 앞으로 나아가라!

to think

억대 연봉을 원한다면?

◆ 내 마음의 나침반이 어디를 향하고 있는가?

◆ 내면 깊은 곳에서 외치는 내 목소리는 무엇인가?

◆ 어떻게 살면 행복할까?

◆ 관심과 흥미를 유발할 장소로 어디가 좋을까?

to do

억대 연봉을 갈구한다면?

◆ 오늘은 주변 동네를 탐험하자. 음료수만 챙겨서 일단 밖을 나서자.

◆ 새로운 경험을 해 보고 싶다면 평소 타 보지 않았던 버스를 타라.

◆ 전철 노선도에서 한 번도 가보지 않던 역을 지정하고 출발하라.

◆ 미술관, 전시회, 공연장에 방문하라.

성공을 부르는 인사이트

관심 분야를 적극적으로 조사하고 공부하는 동안 우리는 오감을 통해 관심이 가는 장소로 이동하게 된다. 넓은 시야와 이해로 새로운 성장의 기회를 맛볼 수 있다. 짧은 기간에 흥밋거리가 사라지고 또 다른 흥밋거리가 생기더라도 상관없다. 내면의 잠재성을 찾아가는 과정이기 때문이다.

"Life is either a daring adventure or nothing at all."

장애를 극복하고 장애인 인권 운동가로서 활동하면서 사회 운동가이기도 했던 헬렌 켈러의 말이다. 새로운 경험과 도전의 중요성을 강조한다. 새로운 장소를 탐험하고 관심 분야를 공부하는 과정에서, 우리의 시야가 넓어지고 새로운 성장의 기회를 얻을 수 있다는 의미를 포함한다. 삶에서 모험을 선택할 것인가 말 것인가는 우리의 선택에 있다.

2. 내면의 퍼즐 조각을 맞추라

    자신을 심층적으로 분석하는 일은 중요하다. 자신이 무엇을 좋아하고 싫어하는지, 어떤 일에 흥미를 느끼는지, 잘하는 일은 무엇인지를 파악하면, 일에 거부감을 줄이고 잘못된 선택으로 인한 심리적 고통에서 벗어날 수 있다. 예전에 근무했던 동료 와타나베 씨와 업무에 관한 고민을 함께 나눈 적이 있다. 구체적인 내용이 기억나지는 않지만, 이는 자신을 분석할 수 있는 유용한 방법이 될 수 있다고 생각했다.

    당시, 이를 응용해 자신을 시각적으로 분석했다. 적어도 어떤 곳으로 본인의 삶을 이끌어야 할지 명확한 목표와 방향을 시각화할 수 있었다. 그럼 차분하게 자신을 분석해 보자! 방법은 단순하다. 종이 위에 십 자선을 긋고, 각 선 끝에 '하고 싶은 것', '하기 싫은 것', '잘하는 것', '잘못하는 것'이라고 문구를 적는다.

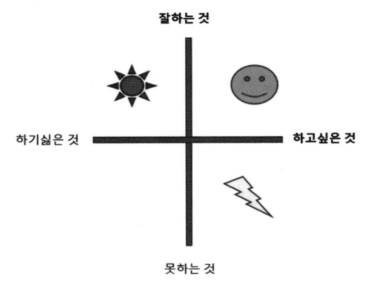

잘하는 것

하기싫은 것   하고싶은 것

못하는 것

자기 분석을 위한 시각화

십 자 선을 그으면 사면의 공간이 생기는데, 이곳에 생각하는 것들을 채운다. 가로지른 선의 점을 중심으로 상단 오른쪽 빈칸에는 본인이 잘하면서 하고 싶은 일을 열거한다. '잘하는 일'이란 본인이 그 일을 잘한다고 느끼는 것과 주변 사람들도 이를 인정한 일이다. 만약, 제삼자로부터 한 번이라도 잘한다고 평가받았던 적이 있다면 잘하는 일로 간주해도 무방하다. 각 네 가지 면을 채워 나가라. 꼭 복수의 항목들을 적어라. 이렇게 하면, 자신을 보다 다양한 관점에서 분석할 수 있다. 즉시 생각이 나지 않는다면, 시간을 두고 천천히 빈칸을 채워 나가도 상관없다.

예시.

(가) 하고 싶고, 잘하는 것 – 없음
(나) 하기 싫은데, 잘하는 것 – 수학 과외, 도배, 편의점 알바
(다) 하고 싶은데, 못 하는 것 – 가수, 영화감독, 디자이너, 배우
(라) 하기 싫고, 못 하는 것 – 영어 과외

(라)에 해당하는 일은 제외한다. 굳이 하기 싫고 못 하는 일의 시간을 소비할 이유가 없다. 과감하게 잊어라! 남은 세 가지에 해당하는 항목들이 우리가 집중하고자 하는 일이다. 가장 이상적인 일은 (가)다. 하지만, 대부분의 사람이 이 일을 할 수 없기 때문에 삶에서 고통받는다. 예를 들면, 영화배우는 되고 싶은데 단역으로는 생활비를 충당하기 어렵다. 연기력도 부족해 연기 학원에 다니고 싶다. 하고 싶은 일이 있는데 할 수 없는 상황이 답답하다.

(나)에 있는 항목은 자신의 시간을 낭비하게 만든다고 생각해 하찮게 여기는 일이다. 예를 들어, 편의점 사장이 매번 내게 사랑의 레이저를 쏘아댄다. 내가 진상 손님 대응이 능숙하고 편의점 시스템에 문제가 있었을 때 센스 있게 해결했기 때문이다. 하지만, 정작 본인은 이 일을 좋아하지도 않을뿐더러 앞으로도 이 방면으로 나아갈 의향이 없다. 싫은데 누군가 잘한다고 하니 애증 관계라고 볼 수도 있다.

(다)는 본인이 당장 하고 싶어 하는 일이다. 하지만, 형편상 할 수 없다. 우리는 (다)를 목표로 기회를 엿보지만 현실이 녹록지 않다. "우리가 (다)의 일들을 어떻게 (가)로 이동시킬 수 있을까?" 답은 (나)를 징검다리로 활용하는 방법이다. 법륜 스님의 일화에서도 이 답을 찾을 수 있다. 법륜 스님이 원래 지내고 계셨던 법당에서 나와 작은 법당을 여셨다. 사람들을 모으기 위해 전단지를 만들어 밥품을 팔아야 했다. 하지만, 초기에 법당을 찾는 사람들이 없었다. 생계를 유지하기에 어려웠고, 스님도 목구멍이 포도청인지라 먹고살아야 했다. 그래서 수학 과외를 가르쳤다. 대학에서 수학을 전공해 자신이 잘할 수 있는 일이었다.

법문을 가르치기로 한 첫날, 법당에 두 명의 사람이 찾아왔다. 둘째 날, 그마저 한 명만 남게 되었다. 전단지에 법문을 가르치겠다고 약속은 했으니 남은 한 명을 위해서 불법을 강의해야 했다. 다음번 법문을 위해 사람들을 모집했고, 처음 스님에게 가르침을 받았던 사람이 지인 한 명을 더 데리고 왔다. 생활비를 벌기 위해서는 과외를 그만둘 수가 없었다. 하지만, 그렇게 두 명이 네 명으로 열 명이 수십 명으로 사람들이 모이기 시작했다. 법문을 가르치는 일만으로도 생활비에 문제가 없어 수학 과외를 그만둘 수 있었다.

만일, 법륜 스님이 생활하기가 어렵다고 과외에만 전념하여 법당을 포기했다면 어떻게 되었을까? 아마 우리가 알고 있는 법륜 스님은 존재하지 않았을지도 모른다. 우리는 흑백논리에 빠져, '이게 아니면 절대로 안

돼'라는 생각에 아무것도 할 수 없다. '할 수 있는 일에만 전념하면 자신이 진정하고 싶은 일을 영원히 할 수 없다'고 말하는 사람들도 있다. 심정은 이해한다. 하지만, 매일 불만과 불평으로 하소연만 하면서 이도 저도 아닌 삶을 살아야 한다면, 무슨 변화가 일어나겠나?

요술 망치라도 가지고 당장 무엇인가를 '뿅'하고 만들 수만 있다면 좋겠다. 하지만, 현실에는 그런 일이 절대 일어나지 않는다. 직면한 현실이 어떻든 현명하게 대처해야 하는 이유다. 중간 과정을 생략하지 않겠다는 마음가짐을 가져라. 거부감이 덜 가는 일을 발판으로 삼아, 원하는 일에 투자하면서 기회와 타이밍을 보라. 긍정적인 시각으로 시간 투자에 대한 믿음으로 계획한 작업을 단호하게 실행하면서 말이다.

목표를 위한 큰 그림과 작은 그림

『그릿』에서 목표 달성을 위한 구체적인 로드맵을 만들기 위한 팁을 소개했다. 상위 목표를 성취하기 위해 하위 목표들을 세분화한다. 하위 목표라도 중간 목표라고 가정하고 그 아래 다른 하위 목표를 설정한다. 가장 최종 목표를 달성하기 위해서는 곁가지들의 중간 목표와 하위 목표들을 설정하는데, 상황에 따라서는 포기해도 상관없다. 실천하는 과정에서 불필요하다고 느끼는 항목들이 있다면 과감하게 삭제해도 상관없다. 필요한 항목을 발견했다면 새롭게 추가한다. 최종 목표에만 영향이 없다면 말이다.

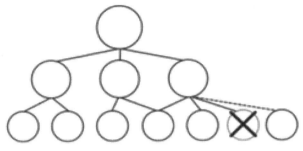

내 최상의 목표를 성취하기 위한 로드맵의 예시는 다음과 같다.

최상의 목표: 크고 작은 실패에서 고민하고 방황하는 직장인들에게 희망을 줘라.		
중간목표 (A)		중간 목표 – 중(B)
해야 하는 일 – 강연 전제 조건 – 강연자를 신뢰할 수 있는 성과물		해야 하는 일 – 소프트 스킬을 높이기 위한 실용서를 출판 전제 조건 – 책 출판 경험
하위 목표 – 소(a1) 해야 하는 일 – 특정 회사에서 상담 역할 경험 전제 조건 – 상담사로서 특정 회사에서 활동	하위 목표 – 소(a2) 해야 하는 일 – 무료 상담자로서 활동할 할 수 있는 회사를 물색 전제 조건 – 회사를 찾아, 컨설팅을 제공	하위 목표 – 소(b) 해야 하는 일 – 책 출판 경험 전제 조건 – 책 초안
		하위 목표 – (b1) 해야 하는 일 – 책 초안 작성 전제 조건 – 소프트 스킬에 관한 책을 출판하기 위해 일화 구성

- 심층적인 자기 분석을 통해 거부감이 적은 일을 찾아, 이를 경제적 밑거름으로 활용하자.

- 최종 목표를 명확하게 설정하고 이를 달성하기 위한 중간 목표들과 하위 목표들을 수립하자. 실천하는 과정에서 하위 목표들이 최종 목표에 부합하지 않거나 더 이상 필요하지 않다고 판단되면 언제든 수정한다.

to think
억대 연봉을 원한다면?

- ◆ 미래의 발판을 마련해 줄, 하지만 내가 싫어하지 않는 일은 무엇인가?
- ◆ 법륜 스님의 일화에서 나는 무엇을 배울 수 있나?
- ◆ 내 최상위 목표는 무엇인가?

to do
억대 연봉을 갈구한다면?

- ◆ 자신을 분석한 자료를 메모지나 노트에 정리하라.
- ◆ 목표를 설정하고 이를 위한 작은 목표들을 세분화하라.
- ◆ 각 목표에 필요한 전제조건을 구체적으로 작성하라.
- ◆ 가장 하단의 목표 중에서 지금 할 수 있는 일을 즉시 실행하라.

성공을 부르는 인사이트

당장 원하는 일이 가능하게 되었다고 할지라도 준비되지 않은 상태에서는 실패할 확률이 높다. 우선 희망하는 일과 직업으로 이전할 수 있을 때까지는 필요한 리소스를 모으고 희망하는 일을 잘할 때까지 투자하자. "하고 싶은 일인데 생활비가 안 돼서 망설여져요."라고 하면서 포기할까, 생각하지 말고 법륜 스님의 일화에서처럼 준비하면서 때를 기다려라. 두 걸음 전진을 위한 한 걸음 후퇴일 뿐, 목표를 위한 근본적인 변화란 없다.

'분석자'란 부분의 글을 써 내려가면서 하나의 깨달음을 얻었다. 내가 현재 하고자 하는 일이 누군가의 고민을 해결하기 위한 일인데 현재 직장에서 내가 하는 일과 매우 유사하다. 시스템에 문제가 발생하면 원인을 분석하고 해결책과 대안을 찾는다. 복잡한 문제가 해결되면 나는 기쁘고 행복하다. 마찬가지로 앞으로 내가 하고 싶은 일은 사람들의 고민을 듣고 함께 해법을 찾는 일이다. 누군가가 웃음을 찾게 될 때, 나는 기쁘고 행복하다. 이 두 분야는 서로 다르지만 문제를 해결한다는 맥락에서는 일맥상통한다. 어떤 연관성이 있다는 생각이 들었다.

3. 마음이 가지 않는 일을 다루어라

"딱이네 너한테…", "너밖에 없다."와 같은 유사한 표현을 종종 제삼자를 통해 들어본 적이 있다면, 그 일은 본인이 잘하는 일이다. 확률적으로 성공할 가능성이 높다. 요구 사항을 잘 이해하고 예상된 결과를 제공할 수 있는 능력을 갖추고 있기 때문이다. 앞서 언급한 것처럼, 잘한다는 일은 때로는 우리가 싫어할 수도 있는 일이다. 사람들이 잘한다고 하니 좋은 것 같기도 하면서, 마음 한편으로는 아니라고 생각하기 때문이다. 만약, 애증 관계에 있는 일을 계속해야 하는 상황이라면 이를 잠시 활용한다고 생각하라!

학생들을 대상으로 수학 과외를 가르칠 자신이 있다면 비록 그 일을 싫어할지라도, 그것을 배우고 싶은 일의 수단이라고 생각하자. 이삿짐센터, 카페, 홀서빙, 주차, 방송 보조, 자료 조사 알바 등 선택지는 얼마든지 있다. 취미로 사진을 찍고 있다면 일반인들을 대상으로 왕초보 사진 강좌를 열어 가르칠 수도 있다. 블로그에 자신의 포트폴리오를 올리고 연락처를 제공한다. 관심 있는 사람들이 의뢰하도록 하는 마케팅 방법이다. 이외에도 알바 웹사이트에 방문하면 미처 알지 못했던 알바 정보들도 많다.

알바 후기도 읽어 보면서 일하는 환경은 어떤지, 조건이 무엇인지 등을 확인한다. 알바의 장단점도 파악하고 상황을 미리 짐작해 볼 수 있다.

홈페이지 구축에서 이벤트 기획까지

홈페이지 작업이 마무리되고, 술 한 잔이라도 얻어 마실까, 생각했다. 그런데, 수고비를 130만 원이나 받았다. 유튜브 동영상 제작을 도우면서 종종 후쿠다 아저씨와 점심을 함께 했다. 어느 날, 촬영을 돕고 이런저런 대화를 나누면서 아저씨가 새로운 계획을 세우고 있다는 생각이 들었다.

후쿠다 씨: "항상 도와줘서 고마워."

나: "아니요, 저도 공부나 할 겸 해서 도와드린 것뿐이고, 오히려 많이 배우고 있어요."

후쿠다 씨: "응 그래? 다행이야. 아참, 요즘 생각하는 일들이 있는데…."

나: "뭔데요?"

후쿠다 씨: "아직 궁리 중이야. 다음에 이야기하세."

나: "뭐요? 이젠 뭔 '쇼'라도 하실 건가요?"

무심코 던졌던 '쇼'라는 말이 몇 주 후, 동경 아웃도어 쇼(Tokyo Outdoor Show 2023)에 참여하겠다는 말로 변해 돌아왔다. 최근 야외 스포츠, 야박, 차박에 대한 인기가 높아지고, 이와 관련한 상품들이 우후죽순처럼 쏟아져 나오면서, 시장이 커지고 있다. 후쿠다 아저씨도 이 흐름에 맞추어 기존 사업을 응용해 개별 주문 방식의 아웃도어 상품을 만들고 싶다고 했다.

새로운 사업을 론칭하고 싶다는 얘기였다. 홍보를 위해 이벤트에 참가해야겠다는 것이다. 이번에는 이벤트 기획을 맡아 부스 디자인도 함께해 주었으면 좋겠단다. 모르는 분야고 나는 흥미도 없었다. 이벤트 준비 사항들도 많아 보였고 귀찮은 일이 될 거로 생각했다. 하지만, 후쿠다 아저씨와 함께 여러 작업을 하면서 배웠던 점을 떠올렸다. 다시 어떤 가치를 발견할 수 있을지 모른다는 생각이 문득 들었다. 이번에도 'Okay'를 했다.

동경 아웃도어 쇼의 행사장 분위기를 확인하기 위해 유튜브 동영상을 찾았다. 이벤트에 참가한 회사들과 어울리는 분위기를 연출하려고 했다. 부스를 디자인할 때, 무료로 배포되는 '플로워프래너(floorplanner)' 앱을 사용했다. 공간에 가구나 물건을 여러 장소에 배치해 보고 3D로 시뮬레이션까지 할 수 있는 유용한 툴이다. 전시장 부스의 폭(3m x 3m)을 프로그램에 설정하고 필요한 것들을 여러 위치와 각도로 배치하여 부스가 어느 정도의 공간인가 미리 짐작할 수 있었다. 주요 물건을 어디에 배치할 때 가장 적합할지 와 전체적인 구조를 잡는 데 도움이 컸다. 왼쪽 그림은 프로그램을 이용해 만든 가상 부스이고, 오른쪽은 2023년 1월 실제로 동경 아웃도어 쇼에서 사용된 부스의 모습이다.

가상의 부스(왼쪽) vs 실제 부스(오른쪽)

전시할 상품의 제작 스케줄을 챙겨야 했다. 진행 상태를 확인하면서 작업이 지연되면 담당자에게 연락하고 스케줄을 조정했다. 회사 홈페이지나 유튜브 동영상을 제작하는 일처럼 혼자서 마음대로 일정을 조정할 수 없었다. 항상 회사 직원들과 상의하면서 스케줄을 정해야 했기 때문에 피곤한 과정이었다. 작업 스케줄을 관리하고 각 담당자의 작업 상황을 확인하면서 스케줄을 진행하는 일은 어렵지 않았다. 내가 잘할 수 있는 일이라고 느꼈기 때문이다. 하지만, 의견을 듣고 개선할 점을 찾아 수정을 위해 스케줄을 조정하는 일은 인내심이 필요했다. 일정에 맞추어 작업에 무리가 없었지만, 내가 결코 선호하는 일이 아니란 것을 깨달았다.

플로워프래너를 소개한 김에 잠시 홈페이지 작성을 위한 정보도 공유할까 한다. 최근 무료로 툴을 제공하는 플랫폼들이 많아졌다. 나는 '워드프레스'라는 홈페이지 제작 플랫폼을 사용했다. 조금만 공부하면 코딩 지식 없이도 누구나 쉽게 홈페이지를 작성할 수 있다. 오픈 소스 소프트웨어 형태로 블로그, 웹사이트, 온라인 상점, 포럼 등 다양한 종류의 웹사이트를 만들 수 있는 무료 플랫폼이다. 수많은 종류의 무료 플러그인과 풍부한 디자인 템플릿을 제공한다. 높은 품질의 홈페이지를 짧은 시간에 전문가의 도움 없이도 제작할 수 있다.

워드프레스 플랫폼은 보안 자동 업데이트 설정도 가능하다. 최신의 보안 패치가 주기적으로 바로 적용되고 상시 보안을 강화할 수 있다는 장점을 가진다. 다만, 홈페이지를 운용할 별도의 서버가 필요하다. 서버 호스팅을 제공하는 회사에서 서비스를 구입해 운영하거나 직접 서버를 구입해 설치하고 관리해야 한다. 서버 운용에 관한 지식이 없으면 유지 보수가 어렵다는 단점이 있다.

워드프레스 – 플랫폼과 다양한 테마 및 플러그인을 제공 https://ko.wordpress.org/

워드프레스 – 플랫폼과 서버 호스팅 서비스를 제공 https://wordpress.com/ko/

테마〈왼쪽〉 – 수백 개의 다양한 스타일이 존재하고 미리 보기로 홈페이지 상태를 유지하면서 다른 테마를 쉽게 적용해 볼 수 있다. 테마를 선택하고 필요한 부분만 수정하면 디자인 시간을 대폭 절약할 수 있다.

플러그인〈오른쪽〉 – 코딩 작업 없이도 홈페이지에 들어가는 다양한 기능을 손쉽게 추가할 수 있다. 예를 들면 달력 기능이나 테이블 형식의 이미지 뷰어를 간단하게 해당 홈페이지에 추가 가능하다.

웹사이트 WordPress.com와 WordPress.org는 유사한 기능을 제공하는 것 같지만 차이점이 있다. 전자는 호스팅 서비스를 제공하는 것이 주요 목적이다. 웹사이트를 구축하기 위해 서버를 따로 구입하고 관리할 필요 없이 해당 플랫폼에 가입해 호스팅 서비스를 바로 이용할 수 있다. 무료로 웹사이트를 만들 수 있지만, 추가적인 기능이나 특정 도메인을 사용하려면 유료 플랜으로 업그레이드해야 한다. 후자는 별도의 서버 구입과 관리와 운용이 필요하다. 이를 해결하면 무수한 기능을 제한 없이 사용할 수 있다는 장점이 있다.

'윅스(Wix)'라는 플랫폼도 존재한다. 가장 큰 특징은 직관적이고 사용하기 쉬운 사용자 인터페이스를 제공한다. 윅스에서도 원하는 사이트 유형(쇼핑몰, 블로그, 레스토랑)의 템플릿을 선택한다. 선택된 템플릿을 위

저드 형식으로 작성자에게서 입력받은 키워드에 따라 클릭 작업만으로도 홈페이지 작성이 가능하다. 무료로 도메인을 제공하고 있어 작성과 동시에 즉시 배포할 수 있다. 단, 원하는 도메인(URL 주소)으로 홈페이지 주소를 변경하고 싶다면 유료 서비스로 변경해야 한다.

윅스 – 홈(왼쪽), 디자인 화면(오른쪽) https://ko.wix.com/

to think

 억대 연봉을 원한다면?

- ◆ 내가 잘할 수 있는 일은 무엇인가?
- ◆ 누군가 내게 잘할 것 같다고 한 일이 있었나? 생각해 보자.
- ◆ 내가 당장 시작해야 할 일이 무엇인가?

성공을 부르는 인사이트

어떤 분야든 처음 시작할 때는 많은 어려움과 고통을 겪게 된다. 그 분야에 대해 모르기 때문이다. 필요한 정보를 습득하는 시간은 항상 길고 힘들게 느껴진다. 문제를 스스로 해결해야 하기 때문이다. 하지만, 애를 쓰는 과정에서 이루어낸 성취와 쾌감은 경험하지 못한 사람은 알 수 없다. 지금의 특정한 일과 상황이 미래의 특정한 사건과 의미 있는 연결점이 될 수 있다는 스티브 잡스의 말을 기억해야 한다.

일론 머스크도 어릴 적 자신이 꿈꾸던 것과 현재 업적 사이에 연결점을 발견할 수 있다. 공상 과학 작가로 유명해지고 싶었던 그가 지금은 스페이스엑스라는 회사를 통해 우주 산업을 성공적으로 주도하고 있다. 화성에 인류를 보내기 위해 우주 산업에 수많은 돈과 열정을 쏟아붓는다. 미래에서 본 오늘의 일론 머스크는 미치광이 부자라기보다. 그의 어릴 적 공상과 꿈이 인류의 꿈을 위한 작은 주춧돌이 되었다고 역사책에 기록될지 모른다.

3장

실험자:
사람 투자의 시간은
수익성과
정비례한다

1. 인생의 치트 키를 사용하라

소통과 협력을 향상하기 위한 인간관계의 핵심이 소프트 스킬이라고 1부에서 언급했다. 소프트 스킬은 단순히 지식으로만 향상할 수 있는 능력이 아니다. 훈련과 반복된 연습을 통해서만 가능하다. 이 스킬을 향상할 수 없다고 느낀다면 이유가 바로 여기에 있다. 실행에 대한 거부감을 느끼고 기대한 결괏값에 실망하면서 도중에 멈추는 경우가 많기 때문이다. 소프트 스킬을 적용해 인내와 노력의 시간을 투자한다면 상상을 초월한 신기한 세상을 경험할 수 있다. 인생의 치트 키를 발견한 것처럼 말이다.

이 스킬 향상을 위한 최적의 훈련 장소는 없을까? 멀리서 찾을 필요가 없다. 바로 가족이다. 가족도 원활한 소통이 필요한 엄연한 사회집단이기 때문이다. 가족의 특성상 서로가 모든 것을 이해해 준다고 착각한다. 하지만, 가까운 사이일수록 오히려 상처받기 쉬운 법이다. 작은 소홀함이 결국 다른 사회 집단속 사람들과의 소통에서도 어려움의 원인이 된다. 가족 간 흔히 겪는 문제점들을 살펴보고 이를 개선할 올바른 의사소통법에 대해서도 살펴보자.

잘못된 의사소통법: 배경 설명이 없고 답변도 짧아서 상대가 우리의 의도를 파악하기 어렵다.

▶ "사과 안 해…. 몇 번이나 말해야 알아들어?"
▶ "싫어. 그 일 안 한다고 했잖아!"
▶ "대체 지금까지 뭘 한 거야? 제정신이야?"
▶ "바쁘다니까 지금은… 아이, 진짜 모른다니까!"

올바른 의사소통법: 배경 설명을 하고 답변을 위한 일정도 제시한다. 그래야 상대가 납득할 수 있다.

▶ "사과는 할 수 있어. 하지만, 형의 대답을 들어야겠어. 1시간만 시간을 줄래?"
▶ "현재, 확신이 안 서. 그래서 판단하기 어려워. 결정하기 전에 확인할 사항이 몇 개 더 있거든. 일주일 안에 답변 줄게."
▶ "3일 전에 할 수 있다고 해서 기다렸는데 지금까지 아무런 연락이 없어서 지금 묻는 거야. 무슨 일 있는 거야?"
▶ "식사 준비로 지금 시간이 없거든. 1시간 뒤에 다시 얘기했으면 좋겠어."

가족에게 적용한 사례

일요일마다 한국에 사시는 부모님에게 전화한다. 특별한 용건은 없다. 그저 안부를 묻는다. 시시콜콜한 날씨 얘기와 상대방의 목소리를 듣는 것이 대화 내용의 전부다. 어느 날, 부모님께 안부 전화하는 것을 깜박했다. 월요일 오후, 한국에 있는 누나로부터 카톡을 받았다. 그제야 깜박했다는 사실을 알았다. 부랴부랴 안부 전화를 걸었다. 예상대로 아버지의 불평이 시작됐다.

　아버지: "왜 제때 연락을 안 해서 사람을 걱정시키냐?"

　나: "아, 죄송해요. 일요일 아침에 급한 용무가 있어서 깜박했어요."

　아버지는 어릴 적부터 치맥을 좋아하셨다. 주말이면 동네 치킨집에 가족 모두를 호출하셨다. 맥주를 얼큰하게 한잔 걸치시고 취기가 돌면 '테이프'를 돌리셨다. '테이프'는 똑같은 하소연을 밤이 새도록 반복해서 들어야 했던 우리 가족들의 괴로움을 빗대어 붙인 별칭이다. 빨치산에서 백여 명의 인민군에게 둘러싸여 죽을 뻔했다던 일화부터 그동안 섭섭했던 일들이 봇물 터지듯 쏟아진다. 평상시에는 점잖고 싫은 내색을 하지 않는다. 알코올의 힘을 빌려 주말마다 용기를 내셨다. 과거에 나였다면 "이야기했잖아요. 깜박했다고. 아니 도대체 몇 번을 말해야 해요?"라며 나 또한 테이프를 돌렸을 것이다. 하지만, 세상 물정도 어느 정도 아는 나이가 되니 접근 방법이 다르다.

　나: "걱정 많이 하셨겠네요. 제가 오전에 용무가 있어서 전화한다고 해놓고 깜박 잊었습니다. 죄송해요."

아버지: "아니, 그럼 처에게 대신 전화하라고 했어야지. 매주 오던 전화가 안 오면 우리는 무슨 큰일이라도 생긴 줄 알고 얼마나 걱정하겠니?"

나: "제가 생각이 짧았네요. 죄송해요. 다음엔 꼭 그렇게 할게요."

평소와 같이 대화를 이어갈 수 있었다. 상대방의 기분에 공감해 주면서 대화를 이끌면 불필요한 감정의 소비도 줄일 수 있다. 기분도 가볍다. 정중하게 사과하고 양해를 구했기 때문이다. 가족에게 사과할 때 우리는 얼마나 정중하게 할까? 대부분의 사람이 그저 지나가는 말처럼 '미안해….'라고 말을 흘린다. "정말 미안해! 내가 정중하게 사과할게." 등의 말에는 박하다. 의사소통에 더 애를 써야 함에도 말이다. 오히려 가족이라 가깝다는 이유로 감정의 생채기를 내기 쉽다. 올바른 의사소통은 배경 설명을 위한 시간의 투자부터 시작된다. 본인의 마음과 의도를 제대로 설명해야 하기 때문이다. 나도 안다. 설명도 복잡하고 선뜻 용기도 나지 않는다는 것을. 하지만, 투자와 용기만이 관계 개선의 첫걸음임을 잊지 말자.

놀이를 통해 소통법을 배우고 업무에도 적용한다

한국 사회에서 술을 빼놓으면 관계를 형성하기 어렵다는 의식이 팽배한다. 하지만, 술을 먹지 않고도 동료들과 잘 어울릴 방법은 얼마든지 있다. 수십 가지의 카드 게임이나 보드게임이 그 예다. 우리 회사는 게임을 적극 권장하는 편이다. 코로나 이전, 우리 팀도 매주 금요일이면 직원들끼리 삼삼오오 모여 게임을 했다. 포커를 모르는 사람을 위해 룰을 설명한 종이를 화이트보드에 붙였다. 게임 중이라도 확인하면서 몰입할 수 있도록 배려했다. 카지노에서 사용할 듯한 베팅 칩도 구매해 게임의 흥미를 돋웠다. 점심시간을 이용하니 사람들과의 관계를 위한 별도의 시간을 마련할 필요가 없었다. 술을 좋아하지 않는 사람도 게임에는 참여할 수 있어서 일석이조였다. 무엇보다도 놀이를 통해 성향을 파악하고 이것이 회사 업무에도 적용될 수 있다는 사실에 놀랐다.

▌ 게임을 통한 성향 파악

A 직원은 상대방의 심리를 민감하게 감지하는 능력이 있었다. 포커 게임에서는 심리적인 요소가 크게 작용한다. 패배율을 기록했는데, 그의 패배율이 현저하게 낮았다. 이는 타인의 심리를 잘 맞출 확률이 높다는 것을 입증한다.

B 직원은 게임의 룰에 엄격했다. 애매한 상황에서는 설명서를 읽었다. 룰을 모두에게 명확하게 인지시키기 위해 노력했다. 불분명한 상황에서 명확한 기준을 제시할 수 있는 능력을 갖췄다는 의미다.

C 직원은 분위기 메이커였다. 높은 공감 능력과 유머 감각 덕분에 사람들이 즐거워했다. 그가 참여하는 모든 게임에서는 직원들의 웃음이 가

득했다. 팀의 활기를 불어넣는 능력이 탁월했다.

▌ 업무 적용

A 직원은 고객의 기분과 욕구를 빠르게 캐치했다. 고객의 불만 사항이 접수되면 상대가 사용한 단어와 뉘앙스를 민감하게 읽어냈다. 고객이 어디에 집중하길 원하는지 실마리를 찾게 도왔다. 해결책을 제공하는 일뿐만 아니라 고객의 감정선까지 헤아려 줌으로써 부가적인 고객 서비스할 수 있었다.

B 직원과는 시스템 문제로 심각한 상황이 발생하면 함께 회의에 참석했다. 회의록 작성을 부탁하고, 협의가 이뤄진 내용을 확인하게 했다. 회의에서 언급되지 않았던 불합리한 요구사항을 강요받았을 때는, 회의록과 회사 방침을 리뷰하게 했다. 이는 문제의 소지를 사전에 차단하게 하고 회사의 책임 범위도 명확하게 파악하는 데 도움을 받을 수 있었다.

C 직원은 팀을 화창한 날씨로 만드는 재주가 있다. 팀의 분위기가 가라앉을 때는 그 힘이 더욱 위력을 발휘했다. 일부러 내가 C 직원에게 분위기와 맞지 않는 엉뚱한 말을 던졌고 그는 재치 있게 유머로 받아쳤다. 팀은 웃을 수밖에 없었다. 그의 소중한 능력은 값으로 환산할 수가 없다.

억대 연봉을 원한다면?

◆ 가족들과 대화에서 자신의 마음과 의도를 잘 표현하기 위해 얼마나 노력하나?

◆ 사과하고 양해를 구할 때 어떤 방법이 가장 효과적일까?

◆ 직장 동료나 상사와 함께 어울릴 수 있는 새로운 놀이 문화는 없을까?

억대 연봉을 갈구한다면?

◆ 가족에게 의식적으로 고운 말과 긍정적인 말을 써라.

◆ 직장에서 점심시간을 이용해 카드 게임을 하자고 제안해 보라.

◆ 사람들과 함께 즐길 수 있는 환경을 만들고 분위기를 조성하라.

성공을 부르는 인사이트

심리학자 다니엘 골먼(Daniel Goleman)은 다양한 연구를 통해 강조했다. 전문적인 교육에서 습득한 기술적인 스킬보다 '감성 지능'을 보여주는 소프트 스킬이 우리 직장 사회에 더 큰 영향을 끼칠 수 있다고 말이다. 감성 지능이 높다면, 업무 스킬보다 더 많은 가치를 생산한다는 것이다. 이를 강화함으로써 성과 향상을 입증한 실제 사례도 있다. 프랑스 제약 회사 사노피(Sanofi)가 그 예다. 영업 인력들의 감성 지능 능력을 향상하자 연간 12% 성과를 낼 수 있었다. 모토로라에서는 제조 공장의 직원들에게 감성 지능 훈련을 제공한 결과, 훈련받은 인원의 90% 이상이 생산성이 향상되었다. 소프트 스킬에 속하는 감정 지능의 향상이 협업 문화와 조직의 성과에 크게 기여했다는 사실이다.

2. 칭찬 레시피로 요리하라

1부에서 황 과장과의 에피소드를 통해 칭찬이 우리의 일상에 어떤 긍정적인 변화를 불러올지에 대해 알아보았다. 상호 이해와 존중의 문화에서 칭찬을 통해 사회가 성숙해질 때, 우리는 보다 풍요로운 삶을 살 수 있다. 내가 오랜 기간 동안 다양한 나라를 접해 본 결과 특히, 우리나라가 칭찬에 박하다. 칭찬을 주고받는 방법에서 매우 서툴다. 왜 그럴까? 앞서 말한 대로 칭찬하는 상황을 충분히 경험하지 못해서다. 구체적으로 칭찬하는 방법을 익히지 못했기 때문이다.

어떻게 칭찬해야 하는가? 어떤 칭찬이 올바른가? 칭찬도 사전 작업이 필요하다. 사전 작업 후 적절한 타이밍에 실행해야 한다. 사전 작업이란 칭찬을 하기 위한 준비 과정인데, 칭찬에 무슨 준비 과정이 필요하냐고 생각하는 사람들이 있을지 모른다. 사전 준비 없는 칭찬은 영혼 없는 칭찬으로 누구도 공감할 수 없다. 칭찬도 음식을 조리하는 일처럼 정해진 순서대로 실행하지 않으면 올바른 칭찬이 될 수 없는 것이다. 요리 순서에 따라 맛이 결정되는 것처럼, 칭찬 또한 선행 작업과 순서에 맞춰 실행할 때만 효과를 극대화할 수 있다.

칭찬 레시피 - 재료 준비

첫째, 관찰하라.

구체적인 사례와 함께 상대방의 장점을 강조하는 일은 칭찬에 매우 효과적이다. 상대방을 주의 깊게 관찰하며 정보를 수집하는 과정이 필요하다. 짧게는 하루에서 길게는 한 달 정도로 유심히 상대를 관찰하고 정보를 모은다. '알맹이' 없는 칭찬은 진정성 없는 칭찬이 될 수 있기 때문이다. 관찰 과정은 칭찬을 위한 필수적인 단계이며, 집의 뼈대를 만들 때 '터'를 닦는 일처럼 중요한 의미가 있다.

둘째, 메모하라.

관찰한 내용을 메모해 둔다. 이는 상대방에게 나의 의도를 정확하게 전달하는 데 도움이 된다. 우리의 뇌는 큰 사건이나 심각한 문제가 아니면 잘 기억하지 못하는 경우가 많다. 뇌가 사소하다고 생각하는 일은 뇌가 아닌, 외부의 저장 장소에 맡길 필요가 있다. 방법은 많다. 스마트폰 앱을 통해 메모를 작성하고 관리할 수도 있다. 언제든 휴대폰을 꺼내 메모를 작성해도 주변 사람들은 크게 주목하지 않을 것이다.

셋째, 타이밍을 잡아라.

사람들이 모여 있는 장소에서 칭찬하는 것이 효과적이다. 상대방을 지적하는 경우는 반대의 효과를 가져올 수 있지만 말이다. 많은 사람과 특정한 한 사람의 장점을 함께 공유함으로써 칭찬을 받는 사람은 물론 주변 사람들에게도 긍정적인 에너지를 줄 수 있다. 다수의 사람이 모인 때를 포착하는 일이 칭찬의 핵심이지만, 당사자와 제삼자가 한 명만 있다면 적절한 타이밍이라고 봐도 무방하다.

넷째, 개선점을 찾아라.

칭찬했다고 끝이 아니다. 칭찬을 받는 당사자와 주위 사람들의 반응을 꼼꼼히 살펴야 한다. 자신의 칭찬하는 방법에 개선이 필요한지 확인하는 작업이다. 기대한 반응이 나오지 않았다면, 나의 표현 방법이나 단어 선택에는 문제가 없었는지 곰곰이 생각해 봐야 한다. 칭찬 레시피를 다시 준비하고 다른 표현 방법으로 음성의 높낮이도 조절하면서 변화를 준다.

칭찬 레시피 - 조리 방법 및 순서

▌관찰

상대방의 장점 10개를 찾아라! 상대방의 좋은 점, 열 가지만 말해 보라고 하면 보통 우리는 많아야 두서너 개 정도밖에 머릿속에서 떠오르지 않는다. 우리는 우리 자신에게 더 많은 관심을 가지고 살기 때문이다. 상대방의 좋은 점 10개를 찾아내는 일이 생각처럼 쉽지 않다. 하지만, 긍정적인 면을 꼭 찾겠다는 마음을 먹고 노력하면 가능한 일이다. 사람들과 대화할 때 항상 웃음을 잃지 않는다거나 매일 아침 출근해서 사무실을 환기해 두었다는 둥, 관찰의 대상은 상대방에 대한 모든 것에 해당한다.

▌ 메모

칭찬할 항목들을 주요 사항들만으로 필터링 작업을 한다. 주요 항목을 두 개에서 서너 개 정도로만 추리는 작업이다. 만일, 중복된 항목이라면 유사 항목으로 그룹화하면 된다. 주요 항목을 제외한 나머지 항목들은 다음 '칭찬 릴레이'에서 사용하기 위해 마음의 서랍장 속에 잠시 저장해 두자.

▌ 육하원칙

항목별로 육하원칙에 맞게 정리한다. 언제, 어디서, 누가, 무엇을, 어떻게, 왜라는 방식으로 구체적으로 상대의 장점이 무엇인지 작성한다. 문장으로 작성하기 어렵다면 문구로 해도 상관없다. 나중에 상대에게 의도를 잘 전달할 수만 있다면 말이다. 어떤 점을 부각할지와 배경 설명 및 장점이 잘 드러나도록 요약하자. 이때 적절한 단어의 선택과 맥락은 맞는지 신경을 쓰자.

▎훈련

어떤 스포츠 경기이든, 실전처럼 훈련에 임하면 좋은 결과를 얻는다는 불문율이 있다. 칭찬도 마찬가지다. 상황을 예상하고 실제처럼 훈련함으로써 좋은 성과를 낼 수 있는 것이다. 수많은 실패의 경험에서 성공을 이루어내듯 칭찬도 얼마만큼 실전처럼 훈련에 임하는가에 달려있다. 상대방을 칭찬하기 전에 시뮬레이션을 돌리고 이미지 트레이닝을 한다. 상대방의 반응을 예상하고 상황별로 어떻게 대응하면 좋을지 시나리오를 만든다.

▎실행

메시지를 전달하는 일이다. 얼굴의 근육을 풀고 한숨을 크게 쉬고 칭찬할 타이밍을 잡자. 미리 연습한 내용으로 자신의 의도를 잘 전달하자. 부자연스러운 몸짓과 어색하게 말이 끊겨도 상관없다. 전달하는 사람의 따뜻한 미소로 의도만을 정확하게 전달할 수만 있다면 말이다. 그러면 상대방도 우리의 진정성을 알 수 있게 된다. 상대방의 입장이 되어 생각해 보면 쉽게 짐작할 수 있다.

▎연습

주변의 반응을 살피고 다져나가는 과정이다. 가령, 직장에서 동료에게 "오늘 프레젠테이션 멋졌어!"라는 칭찬을 했다고 가정해 보자. 동료가 "고마워."라고 할 때, 주변 동료들이 손뼉을 쳐주거나 "대단해!"라는 칭찬을 이어받는다면, 당사자에게 자신의 의도가 공유되었음을 의미한다. 아무런 반응이 없거나 오히려 불편해하는 상황이라면, 상대에게 부담을 느끼지 않도록 주의해야 한다. "돋보였어!"와 같은 방식으로 표현 방법도 살짝 바꿔보면서 반응이 좋은 것을 선택한다. 연습할수록 칭찬이 어색하지 않고 효과는 배가 되는 법이다.

- 진정성 있게 꼼꼼한 계획과 실행력을 기반으로 칭찬은 빛을 발한다.
- 꾸준한 훈련과 반복된 연습으로 강력한 나만의 칭찬 무기가 탄생한다.
- 칭찬을 위한 핵심 순서는 관찰, 메모, 정리, 훈련, 실행, 연습이다.

to think

억대 연봉을 원한다면?

- ◆ 가족 중에 칭찬할 대상으로 누구를 선택하면 좋을까?
- ◆ 상대의 장점 10가지는 무엇인가?
- ◆ 회사의 동료를 관찰하고 장점 10가지를 찾자.

성공을 부르는 인사이트

"남에게 대접받고 싶은 대로 남을 대접하라."

이는 신약 마태복음 7장에서 나오는 가르침이다. 일상생활에서 상대방에 대한 칭찬을 아끼지 말아야 한다는 중요한 교훈이다. 큰 성공이나 놀라운 업적을 거두어야만 칭찬이라는 것을 받을 수 있다고 우리는 생각한다. 하지만, 작은 칭찬도 큰 의미를 가진다. 상대방의 긍정적인 포인트들을 인지하고 인정하는 일만으로도 충분하다. 상대의 수줍은 미소와 작은 배려심도 이에 해당한다.

칭찬을 꾸준하게 실천하자. 진정성 있는 칭찬을 지속하자. 우리의 마음이 상대방에게 전달되면 언젠가 감동의 파도가 우리에게 밀려올 것이다. 이 시점이 나와 상대방을 진정한 신뢰의 고리로 묶는 시작점이 된다. 이 시점을 지나면, 과거 자신이 들였던 시간과 노력 10분의 1로도 상대방의 마음을 움직일 수 있다. 꾸준하게 실천한 자만이 성취할 수 있는 행복이다.

4장

현택자:
오류는
근거와 확률을
간과한 결과다

1. 합리적 근거로 확률적 선택을 하라

'인생은 선택의 연속(Life is a series of choices)'라는 말이 있다. 아침에 일어나서 저녁에 침대로 들어갈 때까지 우리는 크고 작은 일에 많은 선택을 강요받는다. 심지어 스타벅스에서 커피를 주문하는 일조차도 그렇다. 큰 틀에서는 커피의 종류가 달라질 뿐이다. 하지만, 퍼스널 옵션을 고려하면 선택지는 훨씬 넓어진다. 컵의 사이즈를 고르는 일부터 시럽, 얼음, 칩, 크림 등의 그 예다. 삶이란 커피를 주문하는 일처럼 모든 것을 선택해 보고 원하는 것만 콕 집어 선택할 수가 없다. 거리, 크기 등의 숫자로도 정량화할 수도 없다. 삶에는 복잡한 변수들이 많고 여러 개의 삶을 동시에 경험할 수도 없기 때문이다.

합리적 선택이란?

삶에서 선택이 피할 수 없는 운명이라면, 최소한 합리적인 선택을 해야 현명한 결정을 내렸다고 할 수 있지 않을까? 결과를 예측할 수 없더라도, 어떤 선택이 합리적일까를 미리 안다면, 우리 선택의 후회는 덜 할 것이다. 그럼, 자신에게 합리적인 선택이 무엇이고 이를 어떻게 판단할 수 있을까? 엠제이 드마코가 저술한 『부의 추월차선』에서 소개된 '가중 평균 의사결정 매트릭스'를 사용하는 방법이 있다.

복수의 선택지들을 앞에 두고 자신에게 합리적인 선택이 무엇일지를 시각적으로 알 수 있다. 유용한 자신만의 판단 기준이 된다. 감정과 느낌이나 타인의 정보에 의존하는 대신, 자신이 중요하다고 믿는 사항들에 가중치를 부여하고 수치화한다. 자신의 선택에 합리적인 판단 기준이 된다. 가중 평균 의사결정 매트릭스 이외도 다른 방법도 있다. AHP(Analytic Hierarchy Process)라는 방법이다. 이에 대한 자세한 내용은 부록에 추가했다. 나중에 참고하기를 바란다. 여기서는 가중 평균 의사결정 매트리스를 사용하는 방법에 관해서만 이야기한다.

나의 10년 앞을 가정했다. 합리적인 선택지가 무엇일까를 알고 싶었다. 선택 사항이 3가지 있을 수 있다고 가정했다. 새로운 직장에 알아보거나 사업가 혹은 작가가 되는 일이다.

▶ 아래와 같이 테이블에서 왼쪽 칼럼에는 내가 삶에서 중요하다고 믿는 항목들을 우선순위와 상관없이 나열했다. 행복감, 재정적 자유, 안정도, 즐거움, 시간의 자유의 다섯 가지의 정도의 항목이다. 이 각 항목에 1부터 10까지 등급을 매긴다. 등급은 항목이 내게 얼마나 중요한지를 나타낸다. 예를 들면, 행복감 10등급이다. 삶에서 내가 가장 소중하다고 생각해 매긴 점수다. 즐거움(9), 안정도(8), 시간의 자유(8), 재정적 자유(6) 등으로 점수를 매겼다.

중요 항목(등급)/선택	취업	사업가	작가
행복감(10)	2 [20]	3 [30]	8 [80]
재정적 자유(6)	0 [0]	5 [30]	4 [24]
안정도 (8)	10 [80]	5 [40]	8 [64]
즐거움(9)	0 [0]	5 [45]	9 [81]
시간의 자유(8)	8 [64]	4 [32]	5 [40]
총 계	[164]	[177]	[289]

▶ 선택지는 3가지, 취업, 사업가, 작가다. 마찬가지로 각 선택지에 중요 항목에 대한 등급을 매긴다. 사업가를 선택했다고 가정했을 때, 행복감에서 3등급, 재정적 자유를 5등급, 안정도를 5등급이 된다고 평가했다.

▶ 중요도 등급과 각 선택지에서 매긴 등급을 곱한다. 사업가는 행복감에서 [30] 점(10 x 3)을 받았다.

▶ 선택지별 총계를 구한다. 사업가는 총[177]점을 받았다.

선택지별 평가 결과, '작가'라는 선택지가 가장 높은 점수를 받았다. 내게 가장 이상적인 선택지를 수치화할 수 있었다. 인생에서는 크고 작은 선택의 상황들이 오기 마련이다. 느낌이나 사람들의 의견에 따라 자신의 삶을 결정하기보다는 본인이 합당하다고 믿는 것을 수치화해서 판단하는 것이 합리적인 선택이다.

확률적 선택이란?

합리적인 선택을 위해서는 확률적인 측면도 고려해야 한다. 선택지에서 실현 가능성이 높은 후보를 고르는 일이다. 가능성이 높은 선택이란, 선택지마다 확률값을 고려하는 것을 말한다. 이는 다양한 요소를 기반으로 계산할 수 있다. 예를 들어, 수학 문제에서 특정한 값이 정답일 확률이 높다는 것을 판단하려면 문제의 조건, 답의 범위, 과거의 경험 등을 고려할 수 있다. 주어진 조건을 고려하여 선택지의 확률을 계산함으로써 가능성이 높은 해답을 선택할 수 있다. 다음의 예시를 살펴보면 확률적인 선택이 왜 중요한가에 대해 이해하기 쉽다.

식당에서 음식을 고를 때도 확률적 선택이 가능하다. 누군가가 좋았다고 추천하거나 맛집 리뷰에서 어떤 요리가 칭찬받았다면, 이 식당에서는 그 요리를 선택하는 것이 맛있는 음식을 먹을 수 있는 가능성을 높일 수 있는 일이다. 같은 돈을 지불하고도 평범하거나 맛없는 음식을 먹고 싶어 하는 사람은 아무도 없다. 병원에서의 치료 방법을 결정하는 일도 확률적 선택에 해당한다. 의사는 환자의 상태, 질병의 특성, 치료 방법의 성공률과 통계자료 등을 고려하여 최선의 방법을 환자에게 제안한다. 이렇듯 확률적 선택을 통해 식당에서는 맛있는 음식을, 병원에서는 효과적인 치료 방법을 선택할 수 있다. 확률적 선택은 더욱 높은 만족도를 보장할 수 있다는 의미가 된다.

주식 투자는 어떤가? '어떤 회사에 투자해야 이익이 날까?'라는 의문은 확률적 판단이 필요한 영역이다. 회사별 상황과 조건에 따라 주식값이 변동한다. 선택에 따른 수익률이 달라진다. 회사의 재무제표, 수익률, 업종, 기업 공시, 오너의 위험성 등의 정보를 분석하고 종합적으로 판단하는 것이다. 편견이나 주변 지인의 부정확한 정보를 배제하고, 팩트를 기반으로 리스크가 낮출 수 있다. 확률에 근거한 선택으로 수익률을 높일 수 있게 되는 것이다.

책 출판을 위한 확률 높이기

나는 생각했다. 글쓰기를 열심히 하면 실력이 향상되고, 과거에 작성한 글을 모아 책을 출판할 수 있다고 말이다. 꾸준하게 블로그에 글을 올렸다. 하지만, 『팔리는 책 쓰기 망하는 책 쓰기』라는 책을 읽고 그 믿음이 깨졌다. 책을 통해 글쓰기와 책 쓰기의 차이점에 대해 명확히 깨달았기 때문이다. 책은 일관된 메시지를 독자에게 지속해서 전달해야 한다. 저자 장치혁은 이를 수미일관된 메시지라고 강조했다. 다양한 주제들과 형식으로 다루어진 블로그 글들은 일관된 메시지로 책을 구성하기 어렵다는 것이다. 책을 출판할 수 있는 확률을 높이기 위해 생각했다. 그 후 책 출판을 위해 다섯 가지의 원칙을 정하고 실천했다.

5가지 원칙	세부 사항	내용	기한
목표와 기대치	작가	책을 출판하고 신뢰할 수 있는 저자로서 영향력을 갖춘다.	없음
정보 수집과 분석	기획 의도와 독자 선정	삶과 진로에서 고민하는 청장년층에 조언하라.	2022.10.
	잠재적인 독자	• 네이버 고민 관련 카페에 등록하고 매주 수십 명의 사람들의 고민을 듣고 해결책을 제공한다. 청년층뿐 아니라 고민하는 사람들의 문제를 파악하고 조언하면서 그들의 성장을 돕는다. 실행: 고민상담카페에서 '작가꿈'이라는 별명으로 활동 https://cafe.naver.com/havefriend • 개인 블로그를 통해 가망 독자들을 확보한다. https://blog.naver.com/kjhoo73	없음
	목차와 목차별 소제목 정하기	브레인스토밍을 통한 중요 목차와 소제목을 정한다. 『팔리는 책 쓰기 망하는 책 쓰기』의 책에서 알려준 '알마인드' 프로그램 사용하여 책의 구조를 구성한다.	2022.11.
객관적 사고와 판단	멘토 찾기	다양한 책을 읽고 책 출판 코칭을 담당했던 전문가를 찾는다. 멘토링으로 책 쓰기의 속도 향상과 품질을 높일 수 있다. 실행: 2022년 말 저자 장치혁 대표에게 도움을 요청하고 책 쓰기 코칭(유료)을 받기로 약속함.	2022.12.
실천 항목과 우선순위 설정	초안 작성	매주 5개의 꼭지(한 꼭지당 A4용지에 2장 분량)를 완성하도록 한다. 초안을 작성하되 소제목이 책의 맥락에 맞지 않을 경우 삭제하거나 변경한다.	2023.2.
	초안 정리	초안을 정리하면서 꼭지를 재작성한다.	2023.3.
리소스 집중	코칭 수업 시작	코칭 수업을 받고 수정하면서 품질을 향상한다.	2023.3.
	퇴고 작업	코칭 수업 내용에 따라 퇴고 작업을 실행한다.	2023.5

다섯 가지 원칙과 상세

▌ 목표와 기대치의 설정

목표와 기대치를 설정하는 작업은 책을 쓰는 목적과 원하는 결과를 예측해 보는 과정이었다. 이는 최종적으로 어떤 목적을 달성하고 싶은지를 미리 상상해 보는 일이었다. 긴 시간 작업을 진행하는 상황에서 우왕좌왕하며 방황할 수 있는 시간을 미연에 방지할 수 있는 가치 있는 일이라 믿었다.

▌ 정보의 수집과 분석

책을 저술하기 위해 필요한 자료를 선정하고 정보를 수집할 때, 출처나 경로를 확인하여 정보의 신뢰성을 중시했다. 기획 의도를 명확하게 하면서 독자 선정을 위한 선택지들의 장단점을 파악했다.

▌ 객관적인 사고와 판단

편견을 극복하기 위한 과정이었다. 나와 독자들의 기호를 파악하여 접점을 찾으려 노력했다. 제삼자의 객관적인 의견을 듣고 집필하기 위해 개인 트레이너의 도움을 받았다. 이를 판단하는 과정에서 가중평균 의사결정 매트릭스를 사용했다.

실천 계획과 우선순위

실행해야 할 계획들을 목록으로 정리했다. 각각의 중요도를 평가하여 우선순위를 결정했다. 주요 목표를 중심으로 매주 할당된 작업(꼭지)을 결정하고, 작업을 꾸준하게 수행하였다.

리소스 집중

책을 집필하는 데 집중하기 위해 블로그에 글쓰기를 멈췄다. 네이버 '고민상담카페'에서 상담하는 일도 일주일에 한 번으로 줄였다. 동일한 시간을 소비하더라도 집중도에 따라 결과물에 차이가 난다고 생각했기 때문이다. 이 과정에서 생산성을 향상하기 위해 '뽀모도로 기법'을 사용하기도 했다. 집중력과 생산성을 향상할 방법인데 부록에 추가했다. 나중에 확인해 보기 바란다.

- 인생에서 현명한 선택을 하려면 합리적인 근거를 기반으로 확률적인 결정을 해야 한다.

- 현명한 선택으로 작업의 우선순위를 정하고, 실행하는 가운데 자원을 효율적으로 활용하는 일은 성과물을 최대화하기 위함이다. 이는 삶의 만족도를 높이는 일이기도 하다.

to think
억대 연봉을 원한다면?

- 내게 합리적인 선택이란 무엇일까?
- 이미 선택한 일에서 가중평균 의사결정 매트릭스로 재검토한다면 다른 결론이 나올까?
- 판단을 내리기 전에 주어진 정보와 자료는 충분한가? 그들을 신뢰할 수 있는가?
- 일에서 생산성을 향상하기 위한 방법은 무엇일까?
- 합리적이고 확률적인 선택만이 반드시 내 행복을 보장할 수 있을까?

성공을 부르는 인사이트

책 『원 씽』의 저자 게리 켈러는 성공하는 사람들의 공통점에 대해 다음과 같이 밝혔다.

성공하는 사람들은 항상 명확한 우선순위를 정하고 작업을 한다. 이들은 우선순위를 두고 실행하면서, 결과적으로는 다른 사람들이 미루는 작업을 먼저 하고, 다른 사람들이 먼저 하는 일을 나중에 하거나 미룬다.

우리들은 가장 중요하다고 믿는 일을 먼저 시작한다. 하지만 실제로는 이러한 작업이 진정으로 내게 중요한 일이 아닐 수 있다는 의미다. 시간의 유한함과 우선순위 설정의 중요성에 대해 상기시켜 준다.

2. 뇌를 훈련하라

송명진은 자신의 책『역행자』에서 근육을 키우는 것처럼 책 읽기를 뇌 훈련으로 비유했다. 동의한다. 우리의 두뇌를 업그레이드할 수 있는 유일한 방법은 책 읽기다. 책을 통해 필요한 지식과 지혜를 얻어 삶에 적용함으로써 우리의 삶의 질을 향상할 수 있기 때문이다. 책은 당대 최고의 지도자나 전문가들의 경험을 담은 통찰력 있는 가이드북이다. 직접 경험하지 않더라도 간접적으로 그들의 상황을 체험할 수 있다. 이는 우리가 그들과 유사한 상황에 바닥 쳤을 때 효과적인 대처 방법을 선택할 수 있도록 도와준다.

셀럽 김미경 강사는 책을 '스승'이라고까지 표현했다. 중요한 결정을 내리기 앞서 수십 권의 책을 스승으로 삼고 그들의 조언을 듣는다고 말했다. 저자들이 겪은 다양한 사건과 경험을 통해 그녀가 앞으로 겪어야 할 이슈들을 대비하기 위함이라고 했다. 이는 기존에 가졌던 지식과 책을 통해 새롭게 얻어 낸 지식을 조합하여 지혜로 확장해 더 현명한 판단을 위한 것이다. 제한된 옵션에서만 답을 찾으려 한다면 선택은 최선이아닐 가능성이 높다는 점을 강조한다.

책 읽기의 긍정적인 면에 대해서는 수많은 곳에서 들어 왔고 익히 알고 있다. 하지만, 꾸준하게 책 읽기를 지속할 수 없는 근본적인 원인은 무엇일까? 그 이유를 살펴보고 조금이라도 쉽게 접근할 수 있는 방법론에 대해서 구체적으로 이야기해 보자.

책 읽기를 쉽게 포기하는 이유

첫째, 주제와 내용에 흥미가 없다.

청소년 시절 빨간색 성인 잡지가 얼마나 많은 우리의 집중력을 빼앗아 갔는지 생각해 보라. 이러한 경험은 흥미라는 것이 우리에게 얼마나 큰 영향을 주는지 쉽게 이해할 수 있는 사례다. 만일, 우리에게 직접적으로 관련된 일이 아니거나 우리의 흥미를 유발하지 못한다면 책은 책장에 꽂힌 장식품일 뿐이다. 아무런 감흥을 주지 못한다.

둘째, 구입 경험이 적다.

책을 고르는 일은 옷을 고르는 일처럼 자신의 스타일과 색깔에 어울리는 것을 선택하는 일이다. 책을 고르는 일에 실패를 두려워 말아야 한다. 책을 구입하는 경험도 투자의 한 형태이기 때문이다. 경험치가 올라야 자신에게 알맞은 책을 선정할 수 있다. 책 구입은 보상 심리와도 관계가 깊다. 『마케팅의 설계자』의 저자 러셀 브런슨이 보상 심리에 관한 이점에 대해 일화를 들려준다. 과거 학교 레슬링 감독으로부터 유용한 비디오를, 돈을 주고 구입했을 때다. 감독은 이렇게 말했다. "러셀 내가 너에게 이 테이프를 공짜로 준다면 너는 절대 보지 않을 거야. 하지만 너는 돈을 지불했기 때문에 반드시 이 비디오를 보겠지." 러셀은 비디오를 시청했고 실제로 레슬링 실력이 향상되었다. 지불한 대가에 가치를 보상받으려는 심리적 동기를 잘 나타내는 일화다.

셋째, 글의 맥락을 이해하기 어렵다.

흰색 종이 위에 빽빽하게 들어선 활자들로 보인다. 한두 장을 읽다 보니 200여 쪽이나 넘는 불량의 책을 어떻게 완독하나 싶다. 이러한 현상은 주로 어휘력이 부족하거나 주제에 대한 배경지식이 없어 발생하는 문제다. 책을 읽는 속도가 느리거나 우리의 의지가 약해서 생기는 문제가 아니다. 사자성어, 용어의 어원, 전문지식의 부족 등이 우리의 독해 능력을 저하하는 원인이다.

넷째, 집중력이 낮다.

책을 읽다가 종종 망상 모드로 빠진다. 평소 중요하지 않다고 생각한 일을 처리할 때, 우리의 뇌는 불필요한 에너지 소모를 자제하라고 계속 신호를 보낸다. 뇌의 원초적인 생존본능에서 오는 신호다. 효율적인 에너지 사용을 권하는 뇌의 자기방어적인 현상으로 책을 읽는 동안 쉽게 우리의 주의를 분산시킨다.

왕초보의 책 읽기 - 1단계

흥미 있는 책을 고르라.

선호하는 스타일의 옷을 의류매장에서 찾듯 서점이나 도서관을 방문하라. 눈에 띄는 책을 선정하라. 요즘 유행하는 주제도 상관없다. 예를 들면, 챗지피티(ChatGPT), 인공지능(AI), 메타버스, 3D 프린터와 같은 주제로 시작해도 좋다. 만약 마음에 드는 주제가 없다면, 소설책을 권한다. 소설은 비선형적인 구조로 이야기를 전개하며 분기점과 교차점의 사건을 활용한다. 이는 우리의 뇌가 정보를 처리하는 방식과 일치하며, 우리를 몰입시키기 위한 최적의 조건을 제공한다.

목차와 프롤로그를 훑어보라.

초보자의 경우, 무작정 본문부터 읽으려는 경향이 있다. 하지만, 이러한 접근은 오히려 책의 내용을 이해하기 어렵게 만들 수 있다. 목차와 소제목을 읽고 저자가 어떤 이야기를 하고 싶은지 방향성을 파악하라. 프롤로그는 저자가 책에서 담고자 하는 핵심적인 내용을 요약해 놓은 장소다. 마음에 드는 소제목들을 찾아 해당 꼭지를 읽어라. 만일, 목차에서 짐작한 내용과 유사했고 80% 정도 내용을 이해했다면 해당 책을 선정해도 좋다. 자신에 맞는 책을 찾는 과정일 뿐이니 성급하게 책을 선정하지 않아도 된다.

책을 구입하라.

러셀의 일화에서 언급한 보상 심리를 이용한다. 자신이 책을 구입했다면 읽어야겠다는 의지가 생긴다. 최소한 구입한 가치를 생각해 책의 3분의 1은 읽을 것이다. 요즘은 전자책을 선호하는 사람도 많다. 나의 경우도 외국에서 거주하다 보니 배송이 필요 없는 전자책을 선호한다. 가격도 저렴하고 휴대폰만 있으면 장소에 구애 없이 어디서나 독서가 가능하다. 글자 크기와 글꼴은 물론 글자 색과 바탕색을 전환할 수 있어 선호에 맞게 독서가 가능하다. 책을 구입하지 않는 구독 서비스 모델도 존재한다. 참고하자.

왕초보의 책 읽기- 2단계

한 페이지씩만 읽어라.

책을 완독하지 못하는 이유는 의욕만 앞서기 때문이다. 책의 진도가 나가지 않는다. 남은 책의 두께만을 자주 확인하게 된다. 진도가 느리면 마음이 답답해지고 결국에는 포기한다. 모든 일이 첫술에 배부를 수는 없는 법이다. 읽을 양을 정해 놓고 매일 읽겠다고 마음가짐으로 책을 읽

자. 한 장만이라도 괜찮다. 정해진 룰이 없기 때문이다. 매일 한 페이지씩만 읽겠다고 생각해도 일 년에 한 권의 책을 읽는 사람이 된다.

국어사전을 사용하라.

한글로 쓰인 책이라지만 한글에는 한자도 혼용되어 있다. 한자의 뜻을 모르면 문장을 이해하는 데 어려움을 겪는다. 정확한 뜻을 이해하지 못해 저자의 의도와는 다르게 해석하는 경우가 발생한다. 알고 있다고 생각했던 단어라도 사전에서 찾아 의미를 확인해 보자. 미처 알지 못했던 새로운 의미를 발견하기도 한다.

'고무적이다'라는 표현을 생각해 보자. 사전에는 '힘을 내도록 격려하여 용기를 북돋우는 것'이라고 나온다. 의미가 마음에 '확' 와닿지 않을 수 있다. 이 표현은 원래 '북'이라는 한자의 '고' 자에 춤을 춘다는 '무'를 결합한 말이다. '북을 치고 춤을 춘다'는 의미로 어떤 일을 권장하고 격려한다는 의미다. 이외에도 평소에 알고 있던 단어라도 실제의 쓰임새가 우리가 생각한 것과 다르다는 것을 깨닫게 되는 경우가 있다.

▶ 혁신(革新) —묵은 풍속, 관습, 조직, 방법 따위를 완전히 바꾸어서 새롭게 함.
▶ 개혁(改革) – 제도나 기구 따위를 새롭게 뜯어고침.
▶ 혁명(革命) – 헌법의 범위를 벗어나 국가 기초, 사회 제도, 경제 제도, 조직 따위를 근본적으로 고치는 일.

밑줄 그어라.

마음이 가는 글의 구와 절에 표시하라. 가볍게 밑줄을 긋는다. 영감을 받은 부분에서 잠시 생각해 보는 시간이다. 같은 책을 읽더라도 사람마다 보는 관점이 다르다. 마음에 와닿는 문장도 서로 다를 수밖에 없다. 어떤 문장에서 멈추었든 상관없다. 내 마음이 가는 곳에 밑줄을 친다. 글에서 영감을 받고 삶에 적용할지 말지는 사람마다 다르다. 적용하는 방법도 다르다. 하지만, 이에 맞고 틀림이란 없다. 글을 통해 우리가 얻는 가치와 깨달음만이 중요할 뿐이다.

필사하라.

노트에 기록하는 작업이다. 글쓰기 향상에 도움이 될 뿐만 아니라, 문장을 곱씹어 볼 수 있어 좋다. 책을 읽으며 받았던 영감을 언제든지 회상할 수 있게 도와준다. 이는 필사한 문장의 의미를 재해석할 기회를 제공하기도 한다. 시간의 흐름에 따라 책에서 받았던 첫인상과 해석이 달라질 수 있기 때문이다. 이러한 경험은 독서를 더욱 풍부하고 다각적인 관점에서 접근할 수 있게 도와준다.

to think

억대 연봉을 원한다면?

◆ 어떤 분야의 책을 읽으면 내가 새로운 도전을 할 수 있을까?

◆ 하루에 한 장, 책 읽기를 실천한다면 선정한 책을 완독할 수 있을까?

to do

억대 연봉을 갈구한다면?

◆ 당장 서점에 가서 책 한 권을 구입하자.

◆ 온라인 서점을 방문해서 눈에 들어오는 전자책을 구입하자.

성공을 부르는 인사이트

1990년 발 킬머 주연의 실화를 바탕으로 한 영화 〈사랑이 머무는 풍경(At First Sight)〉에서 나오는 장면이 있다. 의료 기술의 발달로 장님이었던 주인공이 실제로 눈을 뜨고 세상을 보는 감동적인 장면이다. 주인공은 처음 사과라는 과일을 눈으로 본다. 하지만, 시각으로는 사과를 인지하지 못했다. 촉각으로만 세상을 인지해 왔기 때문이다. 주인공은 시각인지를 통해 세상을 바라보며 감동을 멈출 수 없었다.

영화 주인공이 첫 시각적 체험을 통해 얻었던 사물의 깨달음은 내가 책을 통해 첫 깨달음을 얻었던 경험과 유사할 듯싶다. 책을 통해 세상의 답을 발견할 수 있다는 사실이 놀라웠다. 왜 자신이 그토록 멀리 돌아왔고 무의미한 시간을 허비했는가를 깨닫게 해주는 순간이었다. 이 책을 덮지 않고 아직도 읽어 가는 그대가 이전의 나처럼 이 책 속에서 무엇인가 가치를 발견하기를 바란다. 삶에 의미를 부여하는 순간이 되길 진심으로 바란다.

3. 한 줄 글쓰기로 삶을 바꾸어라

    글쓰기는 개인의 생각과 감정을 논리적으로 표현할 수 있는 강력한 도구다. 글쓰기는 '현택자'를 완성하는 마지막 단계라고 볼 수 있다. 글쓰기를 통해 우리의 사고를 정리하는데, 이 과정에서 생각의 오류를 발견한다. 이는 우리의 생각을 더욱 명확하게 정리할 수 있도록 돕는다. 앞서 글쓰기의 목적과 이유에 대해서 다루었다. 그러면 실질적인 글쓰기 시작 방법에 대해 알아보자.

    글쓰기는 주제를 선정하는 일부터 어떤 방식으로 써야 하는지 매우 막막한 일이다. 초보자의 경우 자연스러운 현상이다. 나 또한 예외가 아니었다. 글쓰기는 나와 전혀 어울리지 않다고 생각했다. 어느 날, 유튜브 동영상 하나가 내 시선을 사로잡았다. 『일취월장』과 『완벽한 공부법』 등 10여 권의 책을 출판한 저자, 고형성의 세바시 동영상이었다. 첫 번째로 강조한 것은 "두려워하지 마라!"라는 구절이었다. 내 마음속 깊은 곳에 울림이었다. 그는 글쓰기의 두려움을 극복하기 위해 3가지의 팁을 제시했다.

▶ 재능 없음을 두려워하지 말라

▶ 맞춤법을 두려워하지 말라

▶ 수준 낮은 글을 쓸까 봐 두려워하지 말라

지금껏 글을 쓰면서 가장 많이 내가 고민했던 것들이다. 나의 글에 확신할 수 없었다. 가끔 '내 주제에 무슨 글을 쓰냐?'라고 생각이 머릿속을 빈번히 스쳐 지나갔다. 하지만, 계속 두려움에 사로잡혀 글쓰기를 멈추었다면, 이 책을 완성할 수 있다는 잠재력조차 인지하지 못했을 것이 틀림없다. 『노인과 바다』라는 소설로 유명해진 헤밍웨이가 "모든 초고는 걸레다."라고 말했다. 두 번째의 쓴 글은 처음에 쓴 글보다 낫고, 백 번째의 글은 아흔아홉 번째에 글보다는 나을 수밖에 없다. 헤밍웨이는 꾸준한 글쓰기가 결국 글의 성장을 돕는다는 점을 강조하고 있다.

왕초보의 글쓰기

하얀 바탕화면에 컴퓨터 커서가 깜박인 지 10분도 넘었다. 주제는 무엇으로 정하고 어떤 내용으로 써야 할지, 어떤 이야기를 하면 좋을지에 대해 생각했던 시간이다. 컴퓨터 모니터를 20분 이상 멍하니 쳐다보고 있었다. 어느새 나는 딴생각을 하고 있었다. 결국 그날 글쓰기는 포기해야 했다. 아직도 가끔 이런 경험은 많다. 하지만, 초보자라면 이런 일이 자주 발생하는 것은 당연한 일이다. 두렵거나 걱정하지 않아도 괜찮다. 다만, '어떻게 조금이라도 가볍게 글쓰기를 시작할 수 있을까?'라는 질문에 대한 구체적인 예시와 방법에 관해 소개한다.

1단계: 일상생활에서 뉴스, 책, 블로그 등을 읽고 생각나는 단어들을 떠올린다. 아무것이나 상관없다.

예시) 피자, 피자빵, 굽기, 빵 굽는 냄새

2단계: 선택한 단어로 단순한 문장 혹은 문구를 작성한다. 자유롭게 문장을 작성한다.

예시) 피자 굽는 냄새가 좋았다.

3단계: 주어, 동사, 목적어를 넣고 완전한 문장으로 완성한다.

예시) 피자 굽는 냄새가 방안을 가득 채웠다. 마음이 따뜻해졌다.

4단계: 형용사와 부사 등을 추가하고 문장을 논리적인 구조로 구성한다.

예시) 고소한 피자 굽는 냄새가 온 방 안을 가득 채우자, 내 마음도 한결 따뜻해졌다.

5단계: 오감을 이용해 문장의 분위기를 전환한다.

예시) 오븐에서 피자 굽는 향기가 온 방 안에 퍼지자, 내 마음이 한결 따뜻했다.

6단계: 일주일 후에 작성한 문장을 다시 읽고 수정한다. 중복된 단어는 유사어로 바꾼다.

예시) 오븐에서 피자 굽는 향기가 온 방 안을 가득 채우자, 내 심장은 화덕의 온도만큼이나 아늑해졌다.

블로그 활용하기

아날로그 감성을 사랑하는 사람들은 손 글씨를 좋아한다. 3~4만 원대의 다이어리까지 구입한다. 손 글씨를 선호하는 사람들은 다이어리가 최적의 선택이다. 하지만, 블로그도 자신의 역사를 남기기에 좋은 장소다. 손 글씨가 엉망인 나와 같은 사람은 오히려 블로그를 이용하면 좋다. 자신이 선호하는 글꼴로 깨끗한 글씨체로 글을 남길 수 있기 때문이다. 블로그는 거의 영구적으로 저장할 수 있다는 장점도 가진다.

블로그 서비스로는 네이버 블로그, 티스토리, 워드프레스, 텀블러, 구글 블로거 등이 있다. 하지만, 국내에서 사람들이 많이 사용하는 블로그는 크게 3가지다. 네이버, 티스토리, 워드프레스다. 네이버 블로그는 우리나라에서는 가장 활성화된 블로그 서비스라고 해도 과언이 아니다. 여기서는 대중성이 있는 네이버 블로그에 관해서만 소개하겠다. 네이버의 회원가입과 개설 방법에 관해서는 검색엔진을 통해 알아보자. 아래 화면은 블로그를 개설하고 나서 '글쓰기'라는 버튼을 누르면 오른쪽 화면에서처럼 글을 작성할 수 있는 화면으로 이동한다는 것을 알 수 있다.

블로그 글쓰기 화면

아래의 화면처럼 작성 화면의 오른쪽 상단에는 '템플릿'이라는 메뉴가 있다. 사전에 디자인된 포맷(추천 템플릿, 부분 템플릿, 내 템플릿) 들에서 선호하는 양식을 선택해 글을 작성할 수 있다. 본인만의 양식을 따로 저장해 놓고 싶다면 자신만의 개성 있는 템플릿을 작성하고 '내 템플릿'이라는 메뉴를 통해 불러와서 언제나 사용할 수 있다.

블로그 탬플릿

아래의 화면은 글을 실제로 작성할 때 사용하는 메뉴이다. 보통 아래 아한글, MS 워드로 문서를 작성할 때 사용하는 기능들과 유사하다고 보면 된다. 오른쪽 하단 '맞춤법'이라는 기능은 인공지능(AI)에 기반한 한글 맞춤법 기능을 제공한다. 한글 문법의 오류뿐만 아니라 띄어쓰기를 쉽게 교정할 수 있다.

블로그 맞춤법 기능과 그 외

다음 화면의 '저장' 버튼을 사용하면 글을 임시로 저장할 수 있다. 임시로 저장한 횟수에 따라 수정본을 별도로 저장할 수 있다. 작성했던 글을 임시 저장했다가 다시 글을 계속 작성하고 싶다면 '저장'이라는 아이콘

옆에 번호를 클릭하면 된다. '임시저장 글'이라는 별도의 팝업창이 표시되는데 원하는 버전의 글을 선택할 수 있다.

글쓰기 임시저장

'발행' 버튼을 클릭하면 아래의 화면에서처럼 블로그에 글을 포스팅할 때 사용할 수 있는 옵션들이 나온다. 카테고리, 주제, 공개 설정, 발행 설정 등 다양한 기능을 선택할 수 있는데 지면 관계상 몇 가지만 소개하고 넘어가겠다.

발행 버튼에 관한 기능

카테고리 - 블로그에 구조를 만들 수 있다. 여러 카테고리를 만들고 글을 분류할 수 있다. 예를 들면, 자신만의 브이로그, 맛집, 여행 등과 같이 고유한 카테고리를 만든다. 글의 특성에 맞게 원하는 카테고리에 글을 선택하고 게시한다.

주제 - 네이버의 경우 크게 4가지 분류(엔터테인먼트 · 예술, 생활 · 노하우 · 쇼핑, 취미 · 여가 · 여행, 지식 · 동향)로 나누어진다. 자신의 블로그 성향에 맞는 분야를 선택한다. 네이버 알고리듬에 따라 공통적인 흥미를 느낀 사람들에게 내 글을 공유해 줄 가능성이 높아진다.

블로그 카테고리

공개 설정 - 전체 공개는 모든 사람이 읽을 수 있게 하는 설정이다. '서로이웃'과 '이웃'은 블로그 운영자들끼리의 친구 맺기와 같은 기능이다. 글을 정해진 상대방에게만 공유할 수 있다. '이웃공개'는 나의 블로그를 이웃으로 신청한 사람들에게만 내 글이 공개된다. 아래의 화면에서처럼 '나를 추가한'이라는 메뉴에 표시되는 블로그 운영자들이 대상이다. '서로이웃'은 서로를 이웃으로 신청하고 승낙한 사람들만을 대상으로 글이 올라올 때 서로에게 알려 준다. 서로이웃은 '내가 추가한' 탭과 '나를 추가한' 탭 모두에서 표시되는 블로거들이다. '비공개'는 개인만 읽을 수 있는 기능으로 비밀 일기처럼 저장하는 방식이다.

서로이웃

발행 시간 – '현재'는 즉시 글을 발행하는 기능이다. 예약은 원하는 날짜와 시간에 맞춰 작성한 글을 발행할 수 있다. 정기적으로 사람들에게 글을 공유하고 싶다면 정해진 날짜와 시간에 공개하는 것을 추천한다. 자신의 블로그에 흥미를 느낀 사람들에게 재방문 확률을 높일 수 있다.

공지 사항 – 개인 블로그의 가장 상단에 항시 특정 글이 표시되도록 하게 하는 기능이다. 글자 그대로 공지 사항으로 사용하는 방법도 있지만, 블로그에 처음 방문하는 사람들을 위해 강조하고 싶은 글이나 어필하고 싶은 글을 읽도록 유도하는 방법이다. 복수의 글을 공지 사항 기능을 통해 동시에 표시하게 만들 수 있다.

- 글쓰기는 사고의 오류를 발견하게 하고 생각을 정리하는 데 도움을 준다.
- 글쓰기에 대한 두려움은 모든 사람에게 공통적이다. 이를 극복하기 위한 유일한 방법은 연습뿐이다.
- 선호하는 글쓰기 도구와 장소가 있다면 무엇이든 어디든 상관없다.

to think
억대 연봉을 원한다면?

- 한 줄 글쓰기를 어디에서 시작하면 좋을까? 노트, 블로그, 포스트잇?
- 글쓰기 시작을 위해 내가 잘 알고 있는 주제는 무엇이 있을까?

to do
억대 연봉을 갈구한다면?

- 메모지와 펜을 준비하고 머릿속에 떠오르는 생각을 적어 보자.
- 블로그를 개설하자. 첫 글을 올리자!

성공을 부르는 인사이트

내가 블로그를 시작하면서 타인들이 올린 글을 읽고 많은 자극을 받았다. 그 들의 글에서 새로운 아이디어를 얻었다. 동일한 주제에 대해 나의 감성으로 글을 작성할 수 있었다. 현재 나는 '허밍'이라는 블로그 명으로 글을 올린다. 과거에 작성했던 글과 최근에 작성한 글을 비교하면 유의미하게 성장한 글에 놀라기도 한다. 아직도 미흡한 글이다. 하지만, 과거와 현재의 글에서 나는 분명 성장하고 있다는 것을 깨닫는다.

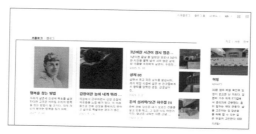

블로그 – 허밍 https://blog.naver.com/kjhoo73

심리학자 필리파 랠리(Phillippa Lally)의 연구에 따르면 어떤 일이든 66일 동안 지속할 수 있다면, 그 일이 자연스럽게 습관으로 자리 잡게 된다고 강조한다. 약 3개월 정도의 기간만 꾸준하게 지속해 나간다면 무엇이든 우리는 원하는 일을 습관으로 자리 잡게 할 수 있다는 의미이다. 글 쓰는 일도 동일하다. 1분 만이라도 자주 글을 쓰겠다고 생각하자. 3개월 후, 어렵지 않게 글을 작성하는 자신을 발견할 것이다. 내가 그랬다. 한 문장에서 시작한 글이 문단으로 확장되고, 어느새 A4용지 한 페이지도 너끈히 채울 수 있는 능력으로 향상되었다. 하루에 한 문장이라도 괜찮다. 꾸준하게 글쓰기를 해 보자.

에필로그

 어떻게 사느냐는 우리가 어떤 길을 선택하느냐에 문제다. 어떤 길을 선택하더라도 옳고 그름이라는 것은 없다. 선택에 맞고 틀렸다는 것이 없다는 말은 나의 선택이 정답이라는 뜻이다. 내가 선택한 장소, 사람, 사회에서 삶이 형성되며, 그 안에서 수많은 실패와 성공, 그리고 실망과 희망을 경험하게 된다. 하지만, 아무것도 선택하지 않으면 아무런 변화도 일어나지 않는다. 우리는 아무것도 기대할 수 없다. 선택은 단지 하나의 길을 고르는 일이 아니다. 우리의 삶을 바꾸는 기회이며 미래를 변화시킬 씨앗이다.

 해결책과 방법들은 이미 그대의 손안에 들어있다. 이들을 이용해 정해진 목표와 계획에 따라 꾸준히 하루를 보내는 자는 언젠가 변화된 자신의 모습을 발견할 것이다. 그렇지 않은 자는 삶을 부정적으로 바라보고 자책하며 살 것이다. 이 두 가지 모습은 변함없는 진리다. 어느 쪽을 선택하던 그대의 몫이다. 항상 기억하자! 누구도 우리의 선택을 비난하지 않는다는 것을. 무엇을 선택하던 우리가 결정한 삶일 뿐이다.

나는 매일 자신에게 크고 작은 도전 과제를 던진다. 하루에 할당된 양의 일을 채우기 위해서다. 이 책의 퇴고가 마무리될 즈음, 다음 책을 집필하기 위해 할당된 양의 일을 다시 채워 나갈 것이다. 책을 집필하는 과정에서 겪었던 고된 고통을 다시 느끼면서 말이다. 하지만, 어딘가에서 절망에 빠져 포기하려는 자를 일으켜 세울 수 있다면 고통은 충분한 가치가 있다. 이 고통을 극복하는 것이 내게 주어진 소명이자 운명이다.

책을 집필하는 동안 가족들의 정신적 지원에 감사하다는 말을 전한다. 사랑하는 아내인 마유미의 따뜻한 배려와 지원이 없었다면 절대 불가능한 일이었다. 또한, 출판을 결심한 내 결정을 믿고 응원해 준 두 딸인 유리와 유미에게도 감사의 말을 전한다. 마지막으로 황상열 작가님과 이예나 편집자님께도 감사하다는 말을 꼭 전하고 싶다.

"황 작가님의 진심 어린 도움으로 이 책이 세상에 빛을 보게 되었습니다. 정말 고맙습니다."
"이예나 편집자님, 글쓰기 뉴비를 교육하시느라 수고 많으셨습니다. 감사합니다."

2024년 2월

부록

되상하라(되고 싶으면 상상하라)

'되고 싶으면 상상하라'는 의미다. 하고 싶은데 불가능하다고 생각하며 괴로워하는 사람들이라면 귀를 기울여라. 과거 나는 막노동 일을 하면서도 이상적인 미래를 상상했다. 금빛 머리색의 서양인들과 유창한 영어로 대화하며 회의실에서 웃고 있는 장면이다. 그 상상을 떠올릴 때는 기분이 좋았다. 심장도 뛰었다. 고졸 출신의 한 청년을 즐겁게 만든 유일한 상상이었기 때문이다. 왜 그런 상상을 했는지 계기가 무엇인지 기억이 나지 않는다. 다만, 상상했던 그 영상만큼은 내 머릿속에 아직도 선명하게 남아 있다.

상상을 한 지 10년, 상상은 현실이 되었다. 그리고 이 상상이 『시크릿』책의 저자, 론다 번이 말한 '끌어당김의 법칙'이라는 것을 깨달았다. 성공한 자들만의 비밀, 끌어당김의 법칙이다. 우리 앞에 일어나는 현재의 모든 현상은 우리가 말하고 상상하는 것에 기인한다. 내가 모두 끌어당긴 것들이라는 의미이다. 과거의 상상한 것과 생각했던 것들이 현재의 결과로 끌어당겨졌다. 그 시절 내 상상의 주파수가 현재의 나로 끌어당겼을 림이 틀림없다. 이 책이 출판된다면 상상은 또 하나의 현실이 되고 '끌어당김의 법칙'을 증명하게 된다.

화나고 괴롭고 우울할 때의 팁

부정적인 감정을 소처럼 자꾸 되새김질하는 어리석은 사람들이 많다. 과거의 상처를 소환해 스스로를 괴롭히고 절망에 빠뜨린다. 어처구니없는 일이다. 『법륜 스님의 행복』이란 책에서 스님이 이런 말씀을 하셨다.

▶ "차를 몰고 도로를 달리는데 옆 차가 갑자기 깜빡이도 없이 내 앞을 확 끼어들었어요."

질문 1.
"내가 화를 낸 건가요?"
"상대방이 나한테 화를 내게 한 건가요?"

▶ "하늘에 달이 떠 있어요. 달을 봅니다."

질문 2.
"달이 이쁘다. 달이 슬프다는 감정은 내가 갖는 감정인가요? 아니면,

달이 내게 준 감정인가요?"

달을 보며 느낀 감정은 우리가 만든 감정이지 달(상대방 차)이 내게 준 감정이 아니라는 법륜 스님의 말씀이다. 동일한 질문인데 대상이 바뀌니까 우리는 헷갈릴 뿐이라고 한다. 맞다. 어떤 감정으로 내가 어떻게 사물을 바라보느냐에 따라 세상은 달리 보일 수 있다. 사랑하는 애인과 함께 테라스에서 커피를 마신다. 달을 보면 달이 '참 아름답다.'라고 느낄 수 있다. 하지만, 연인과 헤어지고 달을 보면 어떤가? 달이 슬프게 보일 수 있다. 달은 예전과 아무것도 변한 것이 없는데도 말이다.

▶ 과거의 일에 괴롭고 화가 나면 '아, 내가 지금 화를 내고 있구나.'
▶ 우울하면 '아, 내가 지금 우울한 감정을 느끼고 있구나.'
▶ 누군가가 정말 싫으면 '아, 내가 지금 그 사람을 미워하고 있구나.'

우리가 이런 감정들을 알아차리고 이들에게서 재빨리 벗어나는 것이 중요하다고 법륜 스님은 강조하신다. 이러한 감정들에서 쉽고 빠르게 벗어날 수 있는 마법 같은 방법은 없다. 다만, 훈련과 연습뿐이다. 노력하는 과정에서 우리 삶의 질은 차츰 향상될 수 있다.

불안을 잠재우기

데일 카네기 교육과정을 받는 동안 많은 고민과 걱정거리들을 시각화했다. 이는 놀라운 경험이었다. 머릿속에 복잡하게 뒤엉킨 생각과 걱정 그리고 고민이 종이 위에 시각화되고 이들의 실체가 보였기 때문이다. 종이 위에 물리적으로 시각화하니 지금껏 자신이 생각한 것보다 심각한 문제들이 아니었다. 지금 무엇인가에 불안하고 머리가 복잡해 고민되는 일들이 많다면 이 방법을 활용해 보기 바란다.

▶ 종이와 펜을 준비하자.

머릿속에 있는 모든 고민과 걱정들을 적어라. 단어나 문구 등 생각나는 것이라면 무엇이든 상관없다. 순서도 상관없다. 예를 들면, 두통, 발목 부상, 50만 원 송금, 고민, 결혼식, 테니스, 감기, 생일, 직장 상사, 프로젝트 기획.

▶ 관련 있는 항목들끼리 묶어라.

50만 원 송금, 생일

두통, 직장 상사, 고민, 프로젝트 기획

발목 부상, 테니스

▶ 그룹화된 항목들에 대해 명확하게 정리하자.

50만 원 송금, 생일

예시) 친구에게서 50만 원을 송금받았는데, 내가 지불해야 할 비용으로 아직도 10만 원이 부족하다.

두통, 직장 상사, 고민, 프로젝트 기획

예시) 새로운 프로젝트가 시작된다. 하필 내가 가장 싫어하는 김 팀장과 한 팀이다. 또다시 프로젝트가 산으로 갈지 걱정이다.

발목 부상, 테니스

예시) 지난주 테니스를 치다가 발목을 다쳤다. 통증이 심해 다음 주의 시합에 출전이 불가능할 것 같다. 어떻게 해야 할지 난감하다.

생각해 보자. 심각한 문제인가? 아니면 단지 불안? 걱정? 과거에 일인가? 앞으로 일어날 일인가?

실체가 있는 문제라면 최악의 상황을 고려하자. 중장기로 대책을 세운다. 유효한 대책안을 세우고 실행하자. 실행한 결과를 바탕으로 새로운 차선책은 없는지 생각하자. 일어나지도 않은 일에 미리부터 걱정하고 있는 것은 아닌가 생각해 보자. 실체가 없는 문제에 불필요한 감정과 에너지를 소비하고 있지 않는가 말이다. 심리학자 어니 젤리 스키(Ernie J. Zelinski)의 책『모르고 사는 즐거움』에서 우리의 걱정에 대해 그가 이렇게 조언한다.

걱정의 40퍼센트는 절대 현실로 일어나지 않고,
걱정의 30퍼센트는 이미 일어난 일에 대한 것이고,
걱정의 22퍼센트는 단순하고 사소한 것이고,
나머지 4퍼센트는 우리 힘으로도 어쩔 도리가 없는 것이다.

걱정의 4퍼센트만이 우리가 바꿔 놓을 수 있는 일이다.

우리의 걱정거리의 96퍼센트가 대부분 무의미한 걱정이라는 뜻이다.

의사결정을 위한 팁(AHP)

토마스 사티(Thomas L. Saaty)는 분석의 계층별 프로세스「Analytic Hierarchy Process (AHP)」를 개발했다. 이를 통해 다양한 대안에 대해 중요도를 평가할 때 중요한 자료로 사용된다. 중요도를 계층화시키고 세분화함으로써 좀 더 입체적으로 대안들을 검토할 수 있다는 장점을 가진다.

▶ 여름휴가 여행지를 선택하기 위해 AHP 방법을 사용해 최고의 선택지를 찾는다고 가정해 보자.

대안(선택지): 도쿄, 파리, 뉴욕

주요 요소: 비용, 관광명소, 음식

기준별 중요도 – 여기에 숫자로 표시되는 값들은 모두 임의의 값으로 정의했다.

비용: 도쿄: 0.194, 파리: 0.472, 뉴욕: 0.334

관광명소: 도쿄: 0.159, 파리: 0.299, 뉴욕: 0.542

음식: 도쿄: 0.336, 파리: 0.486, 뉴욕: 0.178

비교 행렬 작성: 비교 행렬은 1부터 9까지의 수로 비교한다. 수치는 상대적인 중요도를 나타내는데 1은 동등한 중요도, 3은 약간 중요함, 5는 중요함, 7은 상당히 중요함, 9는 매우 중요함을 의미한다. 아래 표는 3x3 크기의 행렬로 비교 결과에 따라 수치를 채워 넣은 결과다. 우선 비용 측면에서 선택지를 비교했다.

비용(cost)	도쿄	파리	뉴욕
도쿄	1	3	5
파리	1/3	1	3
뉴욕	1/5	1/3	1

(주의) 실제 비교 행렬을 작성 시 일관 지수(답변의 일관성이 있어야 한다는 값)를 넣고 값을 조정해야 하는데 예시에서는 일관 지수를 생략했다.

위의 표를 설명하면 다음과 같다. 예를 들어, 첫 번째 셀(도쿄, 도쿄)은 동일한 대안을 비교하는 것이므로 1로 표시했다. 두 번째 셀(도쿄, 파리)은 도쿄가 파리보다 상대적으로 3배 중요하다는 것을 나타내기 위해 3으로 표시했다. 상대적인 중요도를 비용 관점에서 해석할 때는 "도쿄가 파리에 비해 비용 측면에서 저렴하기 때문에 더 중요하다"라고 해석하자. 도쿄가 뉴욕보다 5배 중요하기에 5로 표시되었다.

이를 통해 각 대안의 상대적인 중요도의 값을 구할 수 있다.
도쿄의 상대적 중요도: 1 + 3 + 5 = 9
파리의 상대적 중요도: (1/3) + 1 + 3 = 3.333

뉴욕의 상대적 중요도: (1/5) + (1/3) + 1 = 1.267

각 대안의 상대적인 중요도를 비율로 변환한다.

도쿄의 정규화된 중요도: 9 / (9 + 3.333 + 1.267) = 0.620

파리의 정규화된 중요도: 3.333 / (9 + 3.333 + 1.267) = 0.244

뉴욕의 정규화된 중요도: 1.267 / (9 + 3.333 + 1.267) = 0.136

참고) "상대적인 중요도를 비율로 변환한다"라는 말은 상대적인 중요도 값을 전체 중요도 합의 값으로 나누어 해당 항목이 전체에 차지하는 비율을 어느 정도인지 알아본다는 의미다. 예를 들어, 상대적인 중요도를 계산한 결과로 도쿄의 중요도가 9, 파리의 중요도가 3.333, 뉴욕의 중요도가 1.267이라고 하면 이 중요도는 비교 행렬을 통해 상대적인 중요도를 나타내는 것이므로, 절대적인 기준이 아니다. 각 대안의 중요도가 전체 중요도에서 차지하는 비율이 얼마인지 계산해야 결괏값이 더 유용하다고 판단할 수 있다.

해당 대안의 정규화된 중요도에 대한 가중치를 비용과 곱하여 최종적으로 각 대안에 대한 가중치 된 비용을 계산한다. 비용에 대해 정의한 임의의 가중치는 도쿄: 0.194, 파리: 0.472, 뉴욕: 0.334이다.

도쿄의 비용: 0.620×(0.194 + 0.472 + 0.334) = 0.620

파리의 비용: 0.244×(0.194 + 0.472 + 0.334) = 0.244

뉴욕의 비용: 0.136×(0.194 + 0.472 + 0.334) = 0.136

참고) 0.194 + 0.472 + 0.334를 계산한 값은 1이다.

마찬가지의 방법으로 나머지 항목들(관광명소 및 음식)에 대한 비교 행렬의 작성, 상대적 중요도, 정규화된 중요도, 정규화된 중요도에 비례한 조정값을 위와 같은 방법으로 모두 구한다.

관광명소와 음식에 관해 미리 계산했다고 가정했다. 마지막으로 총가중치 계산을 하자.

도쿄의 총가중치: (비용: 0.620) × (관광명소: 0.159) × (음식: 0.336) = 0.0331

파리의 총가중치: (비용: 0.244) × (관광명소: 0.299) × (음식: 0.486) = 0.0354

뉴욕의 총가중치: (비용: 0.136) × (관광명소: 0.542) × (음식: 0.178) = 0.0131

결론적으로 총가중치가 가장 높은 값은 '파리'다. 파리가 다른 대안들보다 상대적으로 더 중요하다는 것을 알 수 있었다.

클래스와 객체 이해를 위한 C# 예제 코드

/* 이곳 안에 쓰인 문장은 컴퓨터가 처리하지 않는 영역 */

Int /* Integer 정수라는 크기의 정보를 담는 그릇을 만들겠다는 의미 */

struct /* 구조체라는 그릇을 만들겠다는 의미 */

class /* 클래스라는 그릇을 만들겠다는 의미 */

▶ 일반 정수를 담는 그릇의 예시

Int a; /* 정수의 값을 담을 수 있는 a라고 부르는 그릇을 만들었다는 의미 */

▶ C라고 부르는 구조체의 그릇을 만드는 예시

struct C {

Int a = 1; /* 정수 타입의 a라고 부르는 그릇을 만들고 숫자 1을 담았다. */

Int b = 2; /* 정수 타입의 b라고 부르는 그릇을 만들고 숫자 2를 담았다. */

}

▶ Hello라고 부르는 클래스의 그릇을 만드는 예시

class **Hello** {

    Int a; /* 정수 타입의 a라고 부르는 그릇을 만들었다. */

    Int b; /* 정수 타입의 b라고 부르는 그릇을 만들었다. */

    Int c; /* 정수 타입의 c라고 부르는 그릇을 만들었다. */

    /* 아래 public Hello () {}는 클래스를 생성하는 자다. 객체를 생성해

    객체에 초깃값을 설정하기 위해서 사용된다. */

    public Hello () {}

}

public int Add() { /* 연산기능 추가 */

    e = a + b; /* a 그릇과 b 그릇 저장된 숫자를 연산해 e 그릇에 저장한다. */

    return e /* e 그릇에 저장된 값을 돌려준다 */ }

}

▶ Hello의 객체(혹은 인스턴스) 생성 및 사용

```
/* Person이라는 클래스 안에서 Hello라는 객체를 생성하고 처리한다*/
class Person {
        Int f; /* 값을 출력할 f 그릇을 만든다 */
        Hello hello1; /* Hello라는 객체를 담는 hello1이라는 그릇을 만든다. */
        public Person () {
                /* new라고 하면 Hello 클래스의 내부 생성자를 통해 객체를
                만들고 hello1의 그릇에 담는다. */
                hello1 = new Hello();
                hello1.a = 1; /* 생성된 hello1 객체의 a 그릇에 1을 담는다 */
                hello1.b = 2; / *마찬가지로 b 그릇에 2를 담는다 */
                f = hello1.Add(); /* hello1객체에 Add()를 호출해 값을 연산
                해 돌려받은 값을 f 그릇에 담는다. */
                /* hello1객체를 Do라는 메소트를 호출하는데 hello1의 객체
                를 통째로 전송해 처리할 수 있다. */
                Do(hello1);
        }
        public Do (Hello hello1) {
                /* 특정 처리하는 코드가 여기 있어야 하지만 생략 한다. */
        }
}
```

집중력과 생산성을 높이는 뽀모도로 기법

하루는 24시간이다. 잠을 자는 시간으로 7시간, 식사를 위한 3시간을 고려하면 약 14시간이 남는다. 이 중 직장에서 업무를 보는 8시간을 제외하면 우리가 남는 시간을 어떻게 활용하느냐에 따라 각자의 삶이 달라질 수 있다는 얘기다. 『소프트 스킬』의 저자 손 메즈는 직장에서 일을 할 때, 외적, 내적 방해 요소를 정리하라고 강조했다. 업무에 집중력을 높이고 생산성을 향상하는 것이 목표이기 때문이다. 특히, 중요한 작업을 수행할 때 다음과 같은 행동을 권장했다.

전화기를 매너 모드로 설정하고 컴퓨터의 불필요한 브라우저 창은 모두 닫는다. 사무실 파티션에 '업무에 집중하도록 ㅇ시까지는 방해하지 말아 주세요!'라는 메모를 붙여 방해 요소를 적극적으로 제거한다. 생산성을 높이기 위해 '뽀모도로 기법'도 소개했다. 시간을 효율적으로 관리하고 작업의 생산성을 높일 수 있다는 게 장점이다. 실행 방법은 단순하다.

(A) 타이머 25분을 맞추고 작업을 시작한다.
(B) 25분 작업을 마치고 5분 휴식한다.
(C) 상기(A)와 (B)를 반복한다.

한 사이클은 30분이다. 이를 1 뽀모도로라고 한다. 25분 집중하고 5분의 휴식이 끝나면 즉시 작업에 들어가야 한다. 25분이 짧다고 느껴지면

30분으로 늘려도 무방하다. 이 책을 집필하는 동안 10 뽀모도로에 성공한 적도 있다. 집중력과 생산성을 높일 수 있었다. 초기 5분간 휴식이 짧다고 느껴졌지만, 몇 차례의 뽀모도로에 성공하면서 짧은 휴식 시간 역시 익숙해졌다.

참고자료

프리드리히 니체, 나무위키 참조

국가 기술 자격증 순위, 대신증권 공식 블로그 참조

철학자 괴테, 좋은글 좋은글귀 명언 짧고좋은글귀 인생명언 고르디쥬얼리 티스토리 블로그 참조

소프트 스킬은 뭘까?, 하드 스킬과 소프트 스킬의 차이점; 아사나(Asana) 홈페이지 참조

아델의 운동과 극복, BAZAAR 홈페이지 참조

National Library of Medicine, 인용허가PMID: 16862239/PMCID: PMC1470658 참조

정신의학신문, 운동은 신체건강뿐 아니라 두뇌도 건강하게 만든다 참조

건강다이제스트, [집중취재]엔돌핀의 정체…그것이 궁금하다! 참조

2022 World Happiness Report 참조

2022 GDP, GLOBAL PEO SERVICES 홈페이지 참조

톰 크루즈, These were 'Mission: Impossible — Fallout' star Tom Cruise's first jobs as a kid — Make it 홈페이지 참조

일본 돈코쓰 라면, 근황 올림픽 유튜브 동영상 참조

중력의 원인, La dolce vital! 티스트로리 블로그 참조

고명환 코미디언, 스터디언 유튜브 동영상 참조

김승호 회장, 에디터가 만난 사람(4) 4000억대 부자가 사는 법 — Forbes Korea 홈페이지 참조

김승호 회장, 253만원으로 시작, 17년 만에 5000억원대 부자 된 김승호 회장 [송의달 LIVE] — 조선일보 홈페이지 참조

유시민이 말하는 글쓰기의 중요성, MediaChangbi 유튜브 동영상 참조

회사에서 "듣기 싫은 말" vs "듣고 싶은 말" 1위는?, 데이터뉴스 홈페이지 참조

운동으로 인한 유해물질 배출, 시사저널 1791호 참조

BB크림 성분, 피부는 민동성 유튜브 동영상 참조

구직자 외모 평가, 사람인 홈페이지 참조

PATH 리쿠르팅, 링크드인 홈페이지 참조

혀 500여 종의 세균, 위례맑음치과 블로그 참조

냄새가 호감도에 미치는 영향, 한국 마케팅신문 참조

취업자격 체류 외국인 현황, 법무부 홈페이지 참조

다니엘 골먼, University of Minnesota홈페이지 참조

사노피(Sanofi), 「S. Jennings와 B.R. Palmer의 Sales Performance Through Emotional Intelligence Development」 연구 참조

모토롤라,「Bruce Cryer, Rollin McCraty, and Doc Childre Pull the Plug on Stress」논문 참조

김미경 강사, MKTV 유튜브 동영상 참조

관련 한자 - 네이버 국어사전 참조

고영성, 세바시 유튜브 동영상 참조

의사결정을 위한 팁(AHP), 챗지피티 참조

뽀모도로 기법, 위키피디아 참조

여자들은 화장하는 남자를 좋아할까?, 오피니언 유튜브 동영상 참조

『마흔에 읽는 니체』 장재형, 유노북스 참조

『Personality Development for Life Success』 Prashant Sharma, BPB Publications 참조

『그릿』 앤절라 더크워스, 비즈니스북스 참조

『부자아빠 가난한 아빠 2』 로버트 기요사키, 민음인 참조

『역행자』 자청, 웅진지식하우스 참조

『부의 추월차선』 엠제이 드마코, 토트출판사 참조

『원씽』 게리 켈러, 제이 파파산, 비즈니스북스 참조

『소프트 기술』 존 소메즈, 길벗 참조

『기브 앤 테이크』 애덤 그랜트, 생각연구소 참조

『인스타 브레인』 안데르스 한센, 동양북스 참조

『1만 시간의 재발견』 안데르스 에릭슨, 로버트 풀, 비즈니스북스 참조

『돈의 속성』 김승호, 스노우폭스북스 참조

『돈의 심리학』 모건 하우절, 인플루엔셜 참조

『팔리는 책 망하는 책』 장치혁, 서사원 참조

『마케팅의 설계자』 러셀 브런슨, 윌북 참조

『시크릿』 론다 번, 살림Biz 참조

『법륜 스님의 행복』 법륜, 나무의마음 참조

『모르고 사는 즐거움』 어니 젤린스키, 중앙m&b 참조

막노동 잡부는 대체 어떤 선택을 했길래 억대 연봉자가 되었나?